U0165007

人民文库 第二辑

史料五讲

（外一种）

齐世荣｜著

人民出版社

出 版 前 言

　　1921 年 9 月，刚刚成立的中国共产党就创办了第一家自己的出版机构——人民出版社。一百年来，在党的领导下，人民出版社大力传播马克思主义及其中国化的最新理论成果，为弘扬真理、繁荣学术、传承文明、普及文化出版了一批又一批影响深远的精品力作，引领着时代思潮与学术方向。

　　2009 年，在庆祝新中国成立 60 周年之际，我社从历年出版精品中，选取了一百余种图书作为《人民文库》第一辑。文库出版后，广受好评，其中不少图书一印再印。为庆祝中国共产党建党一百周年，反映当代中国学术文化大发展大繁荣的巨大成就，在建社一百周年之际，我社决定推出《人民文库》第二辑。

　　《人民文库》第二辑继续坚持思想性、学术性、原创性与可读性标准，重点选取 20 世纪 90 年代以来出版的哲学社会科学研究著作，按学科分为马克思主义、哲学、政治、法律、经济、历史、文化七类，陆续出版。

习近平总书记指出："人民群众多读书，我们的民族精神就会厚重起来、深邃起来。""为人民提供更多优秀精神文化产品，善莫大焉。"这既是对广大读者的殷切期望，也是对出版工作者提出的价值要求。

文化自信是一个国家、一个民族发展中更基本、更深沉、更持久的力量，没有文化的繁荣兴盛，就没有中华民族的伟大复兴。我们要始终坚持"为人民出好书"的宗旨，不断推出更多、更好的精品力作，筑牢中华民族文化自信的根基。

人民出版社

2021 年 1 月 2 日

目　　录

史料五讲

第一讲　略说文字史料的两类:官府文书和私家记载 ……………… 3

第二讲　谈日记的史料价值 ……………………………………… 29

第三讲　谈私人信函的史料价值 ………………………………… 63

第四讲　谈回忆录类私人文件的史料价值 ……………………… 86

第五讲　谈小说的史料价值 ……………………………………… 118

读史见微录

自序 ……………………………………………………………… 139

伪印《顺天时报》 ……………………………………………… 140

袁大头 …………………………………………………………… 141

挂名差使 ………………………………………………………… 142

招权纳贿与日俱增 ……………………………………………… 143

洋学堂招生难 …………………………………………………… 146

"夜杀洋兵"奇策 ……………………………………………… 148

放空炮 …………………………………………………………… 149

阻建铁路 ………………………………………………………… 151

狼牙棒 …………………………………………………………… 153

亲贵戏述 ……………………………………………… 154

吃空额 ……………………………………………… 156

谭家菜 ……………………………………………… 158

胡适讳言中医疗疾 ……………………………………… 160

说书评 ……………………………………………… 166

文人自负 …………………………………………… 168

误认天上的浮云为地平线上的树林 ………………… 170

最佳学人必得 ……………………………………… 172

过犹不及 …………………………………………… 174

史 料 五 讲

第 一 讲

略说文字史料的两类：官府文书和私家记载

一、看待官书和私记史料价值的三种观点

史料是研究历史的基础。在各类史料（文字、实物遗迹、口头传说）中，文字史料是数量最多、包罗方面最广和内容最丰富的，治史者理应高度重视，充分利用。

对文字史料的分类，各有不同。《隋书·经籍志》史部分为 13 类：正史、古史、杂史、霸史、起居注、日事、职官、仪注、刑法、杂传、地理、谱系、簿录。清《四库全书总目提要》史部增为 15 类：正史、编年、纪事本末、别史、杂史、诏令奏议、传记、史钞、载记、时令、地理、职官、政书、目录、史评。此外，古人还有各种分类方法，①但概括起来不外官府文书和私家记载两大类。随着历史学的演变和发展，治史者的研究范围越来越广，已从政治史拓展到经济史、社会史、文化史、思想史、宗教史等方面，从而官书与私记的内容也越来越丰富，它们所含的类别已远远超出古人的界定。今天

① 最早者为梁阮孝绪的《七录·纪传录》，分"众史"为 12 类。《七录》今佚，仅《七录·序》保存于《广弘明集》卷三。

看,可归入官书这一大类的,有:政府档案①、起居注、日历、实录、正史、诏令、谕旨、奏议、政书、方略、法规、则例、公报、调查报告、会议记录、备忘录、公约、条约、协定、官方统计,等等。可归入私记这一大类的,有:杂史、野史、回忆录、自传、自定年谱、日记、书信、墓志、家谱、族谱、杂志报纸②、账簿、契约、佛藏、道藏、语录、笔记、地理书、游记、农书、医书、文艺作品(文集、诗集、词曲、歌谣、小说),等等。

对于官书和私记的史料价值的高低问题,大致有三种不同的主张,以下略加说明。

第一派扬官书而贬私记,认为前者比后者更为真实可信,古人万斯同、近人邓之诚等属于此派。

万斯同说:"吾少馆于某氏,其家有列朝实录,吾默识暗诵,未敢有一言一事之遗也。长游四方,就故家长老求遗书,考问往事,旁及郡志邑乘、杂家志传之文,靡不网罗参伍,而要以实录为指归。盖实录者,直载其事与言,而无可增饰者也。因其世以考其事,核其言而平心以察之,则其人之本末,可八九得矣。然言之发或有所由,事之端或有所起,而其流或有所激,则非他书不能具也。凡实录之难详者,吾以他书证之,他书之诬且滥者,吾以所得于实录者裁之,虽不敢具谓可信,而是非之枉于人者盖鲜矣。"③

邓之诚在谈到他撰写《中华二千年史》的选材标准时,写道:"斯编取材,首重正史,次及政书,次始及于杂史,再次始及于其他。……今人重视野史,斯编乃多取正史者,非谓正史以外无史,亦非轻信前人所信。诚以自来史职甚尊,断代之书,所以累代不废,即由无以相易。……故顾炎武以野史为谬悠之谈,而万斯同独重实录。正史为体例所限,往往不详,且成于后人,自不能尽得当时真相。野史佳者,多足以补史阙。然正史据官

---

① 政府要员的个人档案也带有政府档案的性质,因其许多内容属于公务性质,如盛宣怀档案、英国张伯伦家族档案(包括约瑟夫·张伯伦及其二子奥斯汀·张伯伦和尼维尔·张伯伦)。

② 指私人办的报纸杂志。政府办的则带有官方文书性质。

③ 方苞:《望溪先生文集》卷十二,《万季野墓表》。

书,其出入微;野史据所闻,其出入大。正史讳尊亲,野史挟恩怨。讳尊亲,不过有书有不书。挟恩怨则无所不至矣。故取材野史,务须审慎,否则必至以伪为真,甚者以真为伪。"①

万斯同、邓之诚重视实录、正史这类的官书,有正确的一面。因为官府的载籍一直是历史文献的主体,比较系统地汇集了大量的史料。即使在造纸术和印刷术发明之后,私家载集逐渐多了起来,但无论在任何时期它们仍远远不如官书。以实录为例,《清实录》共 4433 卷,内容丰富,包罗万象(政治、经济、军事、文化、民族、对外关系、自然现象等各方面),按年、月、日排列,通贯始终。以二十四史为例,它们包括的政治史料最多,但也有经济(如食货志)、文化(如艺文志、经籍志)、宗教(如释老志)以及天文地理(如天文志、地理志)等等方面的史料。二十四史共 3249 卷,约四千多万字。总的说来,无论从数量上还是从质量上看,零星的私记都比不上官书。从世界范围看,也是如此。英国国家档案局(Public Record Office)的书架超过 100 英里。同盟国 1945 年虏获的德国外交部 1880—1936 年的档案有 400 吨之重。

但是,认为实录"直载其事与言,而无可增饰",就不对了。朱棣三次重修《明实录》,删去了明太祖的过失和建文朝遗臣对朱棣的斥责,又歌颂"靖难"之功,难道是"直载其事与言,而无可增饰"吗? 沈德符写道:"本朝无国史,以列帝实录为史,已属纰漏,乃太祖录凡经三修,当时开国功臣,壮猷伟略,稍不为靖难归伏诸公所喜者,俱被划削。建文帝一朝四年,荡灭无遗,后人搜括捃拾,百千之一二耳。"②《清实录》的前五朝《实录》改动最大,如隐讳后金与明朝的关系,贬抑政敌,删改统治阶级内部的倾轧斗争,美化皇帝的功绩和言行,等等,既有"讳",又有"饰"。孟森说:清朝皇帝"务使祖宗所为不可法之事,一一讳饰净尽,不留痕迹于《实录》中,而改《实录》一事,遂为清世日用饮食之恒事,此为亘古所未闻者。"③又说:"清之改《实录》,乃累世视为家法。人第知清初国故,皆高

---

① 邓之诚:《中华二千年史》卷一,"叙录",中华书局 1954 年版,第 5 页。
② 沈德符:《万历野获编》卷二,"实录难据"条,中华书局 1959 年版,第 61 页。
③ 孟森:《读清实录商榷》,载《明清史论著集刊》(下),中华书局 2006 年版,第 686 页。

庙所删汰仅存，殊不知清列朝《实录》，直至光绪间犹修改不已。"①

实录取材的一个重要来源是皇帝的起居注。原则上皇帝是不可以看自己的起居注的，但实际上他们总是要找出借口打破这一原则。例如，唐太宗继位后，于贞观九年、贞观十三年、贞观十四年三次要求看起居注、国史。"理由"是"用知得失""观所为得失，以自警戒""若有不善，亦欲以为鉴戒，使得自修改"，等等。头两次未达目的，第三次干脆命令房玄龄进呈。看过后，不仅没有发现自己的"不善"，反而认为史臣揭露建成、元吉的罪恶太不充分。《贞观政要》记载："太宗见六月四日事（按：指玄武门之变杀建成、元吉事），语多微文，乃谓玄龄曰：'昔周公诛管蔡而周室安，季友鸩叔牙而鲁国宁。朕之所为，义同此类，盖所以安社稷，利万民耳。史官执笔，何烦有隐，宜即改削浮词，直书其事。'"②又如，唐文宗时，郑朗任起居郎，唐文宗要看他执笔记录的内容，郑朗说："故事：天子不观史"，谢绝了文宗的要求。唐文宗假惺惺地夸奖郑朗"可谓善守职者"，但又说："然人君之为，善恶必记，朕恐平日言之不协治体，为将来羞，庶一见，得以自改。"郑朗终于还是给他看了。③ 在帝王的干预下，史官怎敢一一秉笔直书，真正做到实录呢。如此，万斯同要一切"以实录为指归"，就势必要有歪曲历史真相的地方。

邓之诚认为"正史据官书，其出入微"；"讳尊亲，不过有书有不书"，其实正史不仅是"有书有不书"，而且是时有篡改、伪造和粉饰，出入很大。赵翼在《廿二史劄记》一书中，多处指出正史的回护之失。例如，司马昭之弑高贵乡公，《三国志·魏书》但书"高贵乡公卒，年二十"，绝不见其被弑之迹，反载太后之令，言高贵乡公之当诛，并载司马昭奏称伤公殒命者为成济，他已收济治罪，转似不知弑君之事，反有讨

---

① 孟森：《清世宗入承大统考实》，载《明清史论著集刊》（下），中华书局2006年版，第384页。
② 《贞观政要》卷七，《论文史》。
③ 《新唐书·郑朗传》。

贼之功。① 这就把杀害高贵乡公的元凶司马昭篡改成讨罪的功臣了。窜改之外,还有伪造。王莽以符命篡汉,刘秀则以在长安时同舍生彊华奉赤伏之符,为建立新皇朝受命的根据。符曰:"刘秀发兵捕不道,四夷云集龙斗野,四七之际火为主。"②粉饰的例子也很多,例如正史记载,开业立基的皇帝大都有异相。《三国志·蜀书》卷二"先主传":"身长七尺五寸,垂手下膝,顾自见其耳。"《晋书》卷三"武帝纪":"聪明神武,有超世之才,髪委地,手过膝。"《北齐书》卷一"神武纪":"齿白如玉",等等。"修臂"与"白齿"都是根据佛像创造出来的"人相"。佛典纪世尊三十二大人相,其中两相即"修臂"和"齿白"。从三国两晋到南北朝,其时佛教影响已很大,故史书记载帝王相貌,多按佛的相貌来描绘。③ 目的是愚弄百姓,让他们对帝王顶礼膜拜。

第二派扬私记而贬官书,认为私记较官书更为真实可信。

梁启超在《中国历史研究法》一书中说:"所谓别史、杂史、杂传、杂记之属,其价值实与正史无异,而时复过之。试举其例:……且吾不尝言陈寿《三国志·诸葛亮传》记亮南征事仅得二十字耶?然常璩《华阳国志》,则有七百余字,吾侪所以得知兹役始末者,赖璩书也。""是故以旧史作史料读,不惟陈寿与魏收可以等夷;视司马迁、班固与一不知谁何之人所作半通不通之笔记,亦可作等夷视也。"④梁启超独具只眼,早在 1922 年就指出了账簿的史料价值,写道:"然以历史家眼光视之,倘将同仁堂、王麻子、都一处等数家自开店迄今之账簿,及城间乡间贫富旧家之账簿各数种,用科学方法一为研究整理,则其为瑰宝,宁复可量? 盖百年来物价变迁,可从此以得确实资料;而社会生活状况之大概情形,亦历历若睹

① 赵翼:《廿二史劄记》卷六,"三国志多回护"条,中国书店 1987 年版,第 74 页。参见同书卷二九"元史回护处"等条。
② 范晔:《后汉书·光武帝纪》上。
③ 季羡林:《三国两晋南北朝正史里的印度传说》,载《中印文化关系史论丛》,人民出版社 1957 年版,第 87—94 页。
④ 梁启超:《中国历史研究法》,东方出版社 1996 年版,第 56—57 页。

也。"①他还认为小说也有史料价值,说:"中古及近代之小说,在作者本明告人以所纪之非事实;然善为史者,偏能于非事实中觅出事实。例如《水浒传》中'鲁智深醉打山门',固非事实也。然元明间犯罪之人得一度牒即可以借佛门作遁逃薮,此却为一事实。……须知作小说者无论聘其冥想至何程度,而一涉笔叙事,总不能脱离其所处之环境,不知不觉,遂将当时社会背景写出一部分以供后世史家之取材。"②

鲁迅认为"野史和杂记"比"正史"更可信一些。他说:"历史上都写着中国的灵魂,指示着将来的命运,只因为涂饰太厚,废话太多,所以很不容易察出底细来。正如通过密叶投射在莓苔上面的月光,只看见点点的碎影。但如看野史和杂记,可更容易了然了,因为他们究竟不必太摆史官的架子。"③又说:"'官修'而加以'钦定'的正史也一样,不但本纪咧,列传咧,要摆'史架子';里面也不敢说什么。"还说:"野史和杂说自然也免不了有讹传,挟恩怨,但看往事却可以较分明,因为它究竟不像正史那样地装腔作势。"④

翦伯赞的看法是:"再就史部诸书而论,则正史上的史料,较之正史以外之诸史,如别史、杂史等中的史料,其可靠性更少。其中原因甚多,而最主要的原因,则因为所谓正史,都是官撰的史书。……而所谓正史,几乎都是历代政府监督之下写成的,至少也是经过政府的审查,认为合法的。虽然大部分正史,都是后代编前代之事,但其资为根据的史料,则系前代的实录及官书,此种实录及官书,皆成于当代人之手。以当代之人,记录当代之事,当然不允许暴露当时社会的黑暗,特别是统治阶级的罪

①　梁启超:《中国历史研究法》,东方出版社 1996 年版,第 61 页。按:王麻子为刀剪铺;都一处为饮食店,以烧麦、炸三角最有名,今尚存,位于北京市前门大街。
②　梁启超:《中国历史研究法》,东方出版社 1996 年版,第 60—61 页。
③　鲁迅:《华盖集·忽然想到》,载《鲁迅全集》(第三卷),人民文学出版社 2005 年版,第 17 页。
④　鲁迅:《华盖集·这个与那个》,载《鲁迅全集》(第三卷),人民文学出版社 2005 年版,第 148 页。

恶，否则就要遇到危险……"①

"此等杂史，虽其写作体裁不及正史之有系统，行文用字不及正史之典雅；但因杂史所记，多系耳闻目见之事，而且其所记之事又多系民间琐事，故其所论，较之正史，皆为真切，而且皆足以补正史之遗逸缺略乃至订正正史之讹误。特别是因为杂史不向政府送审，没有政治的限制，能够尽量地暴露事实的真相。所以有时在一本半通不通的杂史或笔记中，我们可以找到比正史更可靠的史料。"②

鲁迅、翦伯赞肯定野史、杂史的价值，如不太摆史官的架子，所记较正史为真切，敢于暴露史实的真相，等等，都是对的。梁启超重视账簿、小说之类的材料，很有见解，但把"半通不通之笔记"与《史记》《汉书》等同看待，则过于偏激。在鲁迅、翦伯赞所说之外，私记还有两个长处。一是对史实有官书所无的具体、细节的记载。例如，成于乾隆年间的《扬州画舫录》，对扬州的城市、园林、商业、工艺、建筑和社会风俗的情况都有具体、生动的描述。书中还有关于画家、文士、戏剧、曲艺的丰富材料。③　二是所记典章、制度等方面的材料，可补正史之不足。例如，清嘉庆时礼亲王昭梿撰《啸亭杂录》，述清初的仪制、掌故，大都翔实可靠。卷二记清初官制和汉军八旗的设置；卷八叙内务府的定制，均可做考史的佐证。但笼统地说野史和杂记比正史更可靠，就有些偏颇了。野史、别史、杂史也有它们的短处。第一，所记有些来自道听途说，而非亲闻亲见，不免失实。即使是作者亲历的事，后来回忆时也常有误。笔者曾在一篇文章中谈到这

---

①　翦伯赞：《史料与史学》，北京出版社 2005 年版，第 22—23 页。按《隋书·经籍志》史部首列正史，称自《三国志》起，"世有著述，皆拟班、马，以为正史，作者尤广。"宋代有十七史之称，明代有二十一史之称。清乾隆时诏定二十四史为正史。前四史为私撰，以后诸史大都为官修，个别原为私撰后由皇帝指定为官书，如欧阳修《新五代史》。关于正史的讨论，参见柳诒徵：《国史要义·史统第三》，华东师范大学出版社 2000 年版，第 73—76 页。杨联陞：《官修史书的结构》，载《国史探微》，辽宁教育出版社 1998 年版，第 264—282 页。

②　翦伯赞：《史料与史学》，北京出版社 2005 年版，第 44 页。

③　李斗：《扬州画舫录》，中华书局 1960 年版，第 133—136 页。卷五谈戏剧中的"行头"一条，谓"行头"分衣、盔、杂、把四箱，极其具体，仅杂箱胡子一项就有 14 种之多，可与今日舞台上的胡子种类做一对比。

类的例子，①这里不再赘述。第二，私家记载零散，不如官府文书之有系统。第三，私家记载挟恩怨，流于诬妄。这类例子很多，如《广阳杂记》谓永乐帝为元朝后代。"明成祖，非马后子也。其母瓮氏，蒙古人，以其为元顺帝之妃，故隐其事。"②第四，私记同官书一样有吹捧帝王将相的内容，因为作者大都是封建士大夫，他们不可能只揭露而无颂扬。例如，宋王辟之撰《渑水燕谈录》卷一首列"帝德"十八事，对宋朝皇帝极尽歌颂之能事。③

第三派认为官书与私记各有短长，应当并重而不可偏废。

古代史家刘知几、司马光大体上持上述看法，他们首重实录、正史，但亦不轻视杂史、小说。刘知几在《史通》一书中把全部史籍分作"正史"与"杂述"两大类。他首重"正史"，在《古今正史》中，勾勒了中国史学的发展大势，上自《尚书》，下迄隋唐诸史，一一扼要说明。刘知几虽重"正史"，但并非全盘肯定，如在《疑古》中批判《尚书》，在《惑经》中批判《春秋》，在《杂说》中批判诸史。刘知几对杂史亦不轻视。在《杂述》中写道："是知偏记小说，自成一家，而能与正史参行，其所从来尚矣。"他把古今杂乘分为十品：偏记、小录、逸事、琐言、郡书、家史、别传、杂记、地理书、都邑簿，并对每一种的长处和短处都做了分析。他在称赞"五传""三史"之后，笔锋一转写道："蒭荛之言，明王必择；葑菲之体，诗人不弃。故学者有博闻旧事，多识其物，若不窥别录，不讨异书，专治周、孔之章句，直守迁、固之纪传，亦何能自致于此乎？且夫子有云：'多闻，择其善者而从之'，'知之次也'。苟如是，则书有非圣，言多不经，学者博闻，盖在择之而已。"④

司马光修《资治通鉴》，重正史、实录等官书，但亦博采杂史、小说等

---

① 齐世荣：《谈回忆录类私人文件的史料价值》，载《史学理论与史学史学刊》，2011 年卷，第 32—33 页。

② 刘献廷：《广阳杂记》卷二，中华书局 1957 年版，第 82 页。

③ 王辟之：《渑水燕谈录》，中华书局 1981 年版，第 1 页。

④ 刘知几：《史通·杂述》，见刘知几著、浦起龙通释、王煦华整理：《史通通释》，上海古籍出版社 2009 年版，第 253—257 页。

私记,可谓网罗宏富。《通鉴》引用文献的种类,各家说法不一,总数当在300种以上。① 他在《进书表》中说:"遍阅旧史,旁采小说,简牍盈积,浩如烟海,抉择幽隐,较计毫厘。"又在《答范梦得》书中说:"其实录、正史未必皆可据,杂史、小说未必皆无凭,在高鉴择之。"②

明人王世贞就国史、野史、家史分别做了评论。他说:"国史人恣而善蔽真,其叙典章、述文献,不可废也。野史人臆而善失真,其征是非、削讳忌,不可废也。家史人腴而善溢真,其赞宗阀、表官绩,不可废也。"③这段话概括说明了国史、野史、家史各自的缺陷及其终于"不可废"的存在价值,全面而允当。

清人王鸣盛也认为官方文书与私人记载互有短长。他看重正史。在《十七史商榷》"后汉书年表"条中写道:"但读史宜专心正史,世之学者于正史尚未究心,辄泛涉稗官杂说,徒见其愚妄。且稗史最难看,必学精识卓,方能裁择参订,否则毂讹汩乱,虽多亦奚以为。"④不过,他并不轻视小说,在"欧史喜采小说薛史多本实录"条中说:"大约实录与小说,互有短长,去取之际,贵考核斟酌,不可偏执。如《欧史》温兄《全昱传》,载其饮博,取骰子击盆,呼曰:'朱三,尔砀山一百姓,灭唐三百年社稷,将见汝赤族'云云。据[王]禹称谓《梁史·全昱传》但言其朴野,常呼帝为三,讳博戏事。所谓'梁史'者,正指《梁太祖实录》。今薛史《全昱传》亦不载博戏诋斥之语。欧公采小说补入,最妙。然则采小说未必皆非,依《实录》未必皆是。"⑤

近人主张官书与私记并重的,有蔡元培、陈寅恪、傅斯年、顾颉刚

---

① 陈光崇说见于资治通鉴丛论者为356种,其359种说见氏著通鉴新论(辽宁教育出版社1999年版)。

② 司马光:《答范梦得》,《司马文正公传家集》卷六十三。按:在中国古代文献中,"小说"原指非关大道的琐屑之言。(《庄子·外物》《汉书·艺文志》)司马光此处沿用小说一词,内容已更广泛,包括杂史、别史、逸事、琐记等类的著作。近世意义的小说,则指以散文体形式表现的叙事性虚构文类。

③ 王世贞:《史乘考误引言》,《弇山堂别集》卷二十。参见瞿林东:《中国古代史学批评纵横》,中华书局1994年版,第118—126页。

④ 王鸣盛:《十七史商榷》卷三十八,凤凰出版社2008年版,第211页。

⑤ 王鸣盛:《十七史商榷》卷九十三,凤凰出版社2008年版,第677页。

等人。

蔡元培博通文史,对史料的运用也有精辟的见解。他说:"官府文籍和私家记载在史料的价值上各有短长,合综起来各有独到处,分开来便各不可尽信。大约官府的记载失之于讳,私人的记载失之于诬。私人记史事,由于亲身经历者固多,而最多是凭借传闻,传闻是容易失实的。人都不能无好恶,而私人立志记史事,自不免于感情的表率,故恰和官书的方向相反,而各不得其平。例如建文遗民之记逊国,明亡遗民之论虏事,其志可敬,其辞或不免过甚,这些反靠官书去给他打个折扣,然官府文籍多局于一类的事迹,不如私人记载之备各方面,且私著之没有官府的立场,是最可宝贵的,所以私著毕竟是史料的大源。官府文籍中无论直接的史料如档案,间接的史料如'国史''方略'等,都因他只说一面的话,而有些靠不住,然而许多事究竟只有他去记,而且日月不苟,文件存列,我们可借档案知道一事之最直接的记载,所以官府记载仍同样不失为史料大源。守质者懒惰着专依赖官书,好奇者涉猎着专信些私家不经之谈,都不算史学的正轨。我们相信官文和私记'合之则两美,离之则两伤'呢!"①

陈寅恪说:"通论吾国史料,大抵私家纂述易流于诬妄,而官修之书,其病又在多所讳饰,考史事之本末者,苟能于官书及私著等量齐观,详辨而慎取之,则庶几得其真相,而无诬讳之失矣。"②陈寅恪从原则上比较两种类史料的地方不多,但他在实际的撰述中熟练地、成功地运用了两类史料,并随处提到理论的高度对之进行分析。下文将予以说明。

傅斯年说:"官家记载和私家记载的互有短长处,也是不能一概而论的。大约官书的记载关于年月、官职、地理等等,有簿可查有籍可录者,每校私记为确实;而私家记载对于一件事的来龙去脉,以及'内幕',有些能说官书所不能说,或不敢说的。但这话也不能成定例,有时官书对于年月也很会错的,私书说的'内幕'更每每是胡说的。""官家的记载时而失之

① 蔡元培:《明清史料首本第一本序》,载"中央研究院"历史语言研究所编:《明清史料》甲编上,北京图书馆出版社 2008 年版,第 2—3 页。
② 陈寅恪:《顺宗实录与续玄怪录》,载《金明馆丛稿二编》,上海古籍出版社 1980 年版,第 74 页。

讳。这因为官家总是官家,官家的记载就是打官话。好比一个新闻记者,想直接向一位政府的秘书之类得到一个国家要害大事之内容,如何做得到? 势必由间接的方法,然后可以风闻一二。私家的记载时而失之诬。人的性情,对于事情,越不知道越要猜,这些揣猜若为感情所驱使,便不知造出多少故事来。……大约知道一件事内容者,每每因自己处境的关系不敢说,不愿说,而不知道者偏好说,于是时时免不了胡说。”“论到官家记载之讳,则一切官修之史皆是好例,所修的本朝史尤其是好例。禅代之际,一切欺人孤儿寡妇的逆迹;剪伐之朝,一切凶残淫虐的暴举,在二十四史上那能看得出好多来呢?”“论到私家记载之诬,则一切小说稗史不厌其例。”①

傅斯年写过一篇文章《明成祖生母记疑》,考证明成祖的生母是硕妃,而非马后。他所用的史料既有《南京太常寺志》《明史·黄子澄传》这样的官书,也有《明诗综》《陶庵梦忆》《枣林杂俎》等私人记载。文中说:“太凡官书失之讳,私记失之诬。明国史略成祖之生母,讳也。明野史谓成祖为元孽,诬也。成祖愈讳言其生母,私家愈侈言其真父。此犹官报与谣言,各有所缺。后之学者,驰骋于官私记载之中,即求断于讳诬二者之间。史料不可一概论,然而此义是一大端矣。”②《记疑》一文遭到朱希祖的反驳,朱氏谓成祖的生母确为高后,而非硕妃。傅斯年复撰《跋〈明成祖生母问题汇证〉并答朱希祖先生》一文,说:“朱先生深信《明史》,深信《明实录》,此自为史学家持正之立场。然私书不尽失之诬,官书不尽免于讳。果非官书不取,涑水无须采小说撰考异矣。官样文章英语中所谓Official Version 者,其可尽信否,试一看当代史事可也。”③

傅斯年特别重视史料的扩张。他在《历史语言研究所工作之旨趣》中写道:“凡一种学问能扩张他所研究的材料便进步,不能的便退步。”④

---

① 傅斯年:《史学方法导论》,载《傅斯年全集》(第二卷),湖南教育出版社 2003 年版,第335—337 页。

② 傅斯年:《傅斯年全集》(第三卷),湖南教育出版社 2003 年版,第 175 页。

③ 傅斯年:《傅斯年全集》(第三卷),湖南教育出版社 2003 年版,第 250 页。

④ 傅斯年:《傅斯年全集》(第三卷),湖南教育出版社 2003 年版,第 6 页。

还说:"能利用各地各时的直接材料,大如地方志书,小如私人的日记,远如石器时代的发掘,近如某个洋行的贸易册,去把史事无论巨者或细者,单者或综合者,条理出来,是科学的本事。"①回顾中国过去的史学,他认为,"在中国史学的盛时,材料用得还是广的,地方上求材料,刻文上抄材料,档库中出材料,传说中辨材料。"②他盛赞司马迁"能那样子传信存疑以别史料,能作八书,能排比列国的纪年,能有若干观念比十九世纪的大名家还近代些。"欧阳修作《集古录》,"下手研究直接材料,是近代史学的真功夫"。司马光"作《通鉴》,'编阅旧史,旁采小说',他和刘攽、刘恕、范祖禹诸人都能利用无限的史料,考定旧记,凡《通鉴》和所谓正史不同的地方每多是详细考定的结果"。③ 对比之下,他慨叹地说:"到了现在,不特不能去扩张材料,去学曹操设'发冢校尉',求出一部古史于地下遗物,就是'自然'送给我们的出土的物事,以及敦煌石藏、内阁档案,还由他毁坏了好多,剩下的流传海外,京师图书馆所存摩尼经典等等良籍,还复任其搁置,一面则谈整理国故者人多如鲫,这样焉能进步?"④本着尽力扩张史料的原则,傅斯年筹措资金,为历史语言研究所购买了明清内阁大库档案。这批档案虽是几百年前官府的旧文书,但尘封已久,无人过问,故有新史料的价值。

顾颉刚对史料的看法,总体上说也是官书与私记并重,但前后有所不同。1922 年,他在《中学校本国史教科书编纂法的商榷》一文中说:研究历史,"总要弄清楚每一个时代的大势;对于求知各时代的'社会心理',应该看得比记忆各时代的'故事'重要得多。所以我们应当看谚语比圣贤的经训要紧;看歌谣比名家的诗词要紧;看野史笔记比正史官书要紧。为什么? 因为谣谚野史等出于民众,他们肯说出民众社会的实话,不比正史,官书,贤人,君子的话主于敷衍门面。"⑤这时,他认为谣谚、野史的价

---

① 傅斯年:《傅斯年全集》(第三卷),湖南教育出版社 2003 年版,第 5 页。
② 傅斯年:《傅斯年全集》(第三卷),湖南教育出版社 2003 年版,第 6—7 页。
③ 傅斯年:《傅斯年全集》(第三卷),湖南教育出版社 2003 年版,第 4 页。
④ 傅斯年:《傅斯年全集》(第三卷),湖南教育出版社 2003 年版,第 7 页。
⑤ 顾颉刚:《中学校本国史教科书编纂法的商榷》,载《教育杂志》第 14 卷第 4 号,1922 年 4 月 20 日。

值要远远大于官书、正史。到了 1926 年，他在为北京大学研究所《国学门周刊》所做的《一九二六年始刊词》中，提出了"学术平等"的观念，说："我们对于考古方面、史料方面、风俗歌谣方面，我们的眼光是一律平等的。我们决不因为古物是值钱的古董而特别宝贵它，也决不因为史料是帝王家的遗物特别尊敬它，也决不因为风俗物品和歌谣是小玩意儿而轻蔑它。在我们的眼光里，只见到各个的古物、史料、风俗物品和歌谣都是一件东西。这些东西都有它的来源，都有它的经历，都有它生存的寿命；这些来源、经历和生存的寿命都是我们可以着手研究的"。① 这时他认为古物、史料、风俗歌谣的价值都是一样的。1928 年，他在《妙峰山进香专号引言》中又说："学问的材料，只要是一件事物，没有不可用的，绝对没有雅俗、贵贱、贤愚、善恶、美丑、净染等等的界限。""在现在的时候，稍微知道一些学问的人都觉得学问上的一尊的见解应该打破"。顾颉刚等人妙峰山进香调查的宗旨是提倡民间文化的研究，所以这里所说的对各种史料一律平等看待的侧重点，实在于强调民俗调查这种"活泼泼的新生命材料"。②

顾颉刚虽然强调新史料的使用，但也很重视传统的"正史"二十四史。他在《二十五史补编序》中写道："然史之可贵，匪特在其卷帙之繁重，叙述之详明，裁断之有制，又当字字有来历，其所根据之原料可得而勘证，示人以必信焉。自赵宋而下，修史时所根据者今虽不可尽见，而政府公文，地方志乘，私家著述，存留者并多，犹得藉是以审查其然否。若上溯唐、五代以前，刻版未兴，直接史料亡失垂尽，固亦有劫余之金石遗文及故书雅记在，然而其物过于零星，未足以供系统之探讨，言史事唯有据十七史为唯一之资源，所谓五千年之历史，前四千年只此而已，此无可奈何者也。"③

---

① 顾颉刚：《1926 年始刊词》，载北京大学研究所《国学门周刊》第 2 卷第 13 期，1926 年 1 月 6 日。

② 顾颉刚：《妙峰山进香专号引言》，载《妙峰山》，上海文艺出版社 1998 年版，第 7—8 页。

③ 顾颉刚：《二十五史补编序》，中华书局 1955 年版，第 1 页。

顾颉刚对史料的看法是全面而开阔的。1927 年 4 月，他为中山大学写了一个《购求中国图书计划书》。计划要搜集的图书资料有 16 类：经史子集及丛刊档案、地方志、家族志、社会事件之记载、个人生活之记载、账簿、中国汉族以外各民族之文籍、基督教会出版之书籍及译本书、宗教及迷信书、民众文学书、旧艺术书、教育书、古存简籍、著述稿本、实物之图像。① 上海图书馆馆长顾廷龙说："我从事图书馆古籍采购事业将五十年，即循此途径为收购目标，颇得文史学者的称赞。"②这 16 类在不同程度上都可看作历史资料。

总之，各种类型的史料都有长处，也有短处，把它们综合起来，互相参照，研究的成果就有可能接近历史的真相。第三派的主张，是使用史料的比较妥当的办法，第一派、第二派的主张亦有可取之处。本文未涉及第一手史料（或称原料、直接史料）和第二手史料（或称次料、间接史料）的问题。这是一个十分复杂的问题，与本文有关，但应另做专题讨论，而且不是一两篇文章所能讲清楚的。这里只想简明提及一点，即在官书这一大类中有第一手史料，也有第二手史料；私记亦如此。再者，被认为属于第一手史料性质的，有时内中也有第二手史料的成分；被认为属于第二手史料性质的，有时内中也有第一手史料的成分。以下举一二例予以说明。

档案历来被认为属于第一手史料，实不尽然。有些文件看似第一手史料，实为第二手史料。例如在一次战役结束后，最高指挥官呈报给军事当局的战果统计，一向被视为第一手史料，但它是由诸多基层战斗单位的上报材料（最原始的材料）经过综合和加工而形成的，实质上已更多地具有第二手史料的性质，而且这类战果统计往往夸大敌方的损失而缩小自己的损失。③ 正史是著作，一般被看作第二手史料，但正史是根据大量第一手史料（档案、起居注、实录等）写成的，而且这些第一手史

---

① 顾潮编著：《顾颉刚年谱》，中华书局 2011 年版，第 157—158 页。

② 顾廷龙：《介绍顾颉刚先生撰〈购求中国图书计划书〉——兼述他对图书馆事业的贡献》，载《顾颉刚学记》，生活·读书·新知三联书店 2002 年版，第 291—296 页。

③ 第二次世界大战中的"不列颠之战"，德国和英国对己方和对方空军的损失的统计，差距很大。参见齐世荣：《谈日记的史料价值》，载《首都师范大学学报》（社会科学版）2011 年第 6 期，第 14 页。

料后来大部分已经遗失，故历史研究者就只能在相当大程度上把它们看作第一手史料。吕思勉说："正史并非最原始的史料；但作正史时所据材料，十九不存，故正史在大体上即为原始的史料。"①私记中的日记、回忆录讲作者自己的事是第一手史料，讲别人的事，则是第二手史料。还有一种情况，某一材料从一种角度看属于第二手史料，但换另一种角度看则为第一手史料。例如某个政治家在他的回忆录中对当时发生的某一他未亲自参加的政治事件所做的评论，单就他的评论而言，当然是第二手史料。但换一个角度看，如果我们要研究这个政治家对这一政治事件采取何种态度时，那么他的评论就成为第一手史料了。总之，第一手史料与第二手史料之间并无绝对的界限，只是大体言之而已。萧一山说："原料之价值恒过于次料，固不待论，但其间亦非有绝对的界限，治史者尤不可不知。如档案公文虽属原料，而所载对方之事，则仍为次料。咸同谕旨折奏之纪洪杨，即其类也。官书、传记虽属次料，而所载本身之事，则仍系原料。蓝皮书之报告，曾、左、李之全集，即其类也。私人笔记述其见闻，多半道听之言，世固以次料目之矣，但有时所纪事变之内幕，名人之轶闻，以及制度兴革、社会情况，迥非官牍所能详，则仍属原料。……故原料与次料也，乃就关系之直接与间接而言，非其本身即具此特质也。"②西方史学家约翰·布罗也认为："一手与二手史料的区别是有弹性的。"③

二、陈垣、陈寅恪对史料的认识与运用

在古今史学家中，善用多种史料著书而取得显著成绩者，代有其人，

---

① 吕思勉：《史学四种》，上海人民出版社1981年版，第73页。
② 萧一山：《近代史书史料及其批评》，载国立东北大学编印：《志林》第3期，1942年1月，四川三台。
③ ［英］约翰·布罗：《历史的历史：从远古到20世纪的历史书写》，广西师范大学出版社2012年版，第441页。

古人如司马光,近人如陈垣、陈寅恪等。以下就陈垣、陈寅恪二人在研究中运用多种史料的情况稍做一些具体的介绍。

陈垣著作中使用的史料十分丰富。他一再强调,搜集材料应力求完备,常以"竭泽而渔"做比喻。他说:南方人在池塘中养鱼种,鱼长大后,将水放出,逐条取鱼,一条不漏。① 他的名著《元西域人华化考》引证各类文献多达二百一二十种,所用材料以诗文集和《金石录》为主,其中元、明人文集约百种。除一般史家常用的正史、方志、杂记、随笔外,更广泛地利用了韵书、画谱、书法、进士录等,搜罗史料的详备程度堪称做到了"竭泽而渔"。他在采用史料时,十分重视文集,这是他史学研究中的一个特点。他研究元史,既肯定了《元史》的价值,认为它保存了许多原来的材料;又广泛利用元朝六十家的文集。

陈垣一生重点研究宗教史,主要研究宗教和政治、社会的关系,研究宗教的盛衰变化情况,而不谈教义。因此,他研究宗教史,不仅利用教会典籍,而且利用教外典籍。他在《从教外典籍见明末清初之天主教》一文中,列举了必须参阅教外典籍的 6 条理由:可补教史之不足;可正教史之偶误;可与教史相参证;可见疑忌者之心理;反对口中可得反证;旁观议论可察人言。② 陈寅恪看到这篇文章后,十分欣赏,于 1934 年 4 月 6 日致函陈垣,说:"顷读大作讫,佩服之至。近来日本人佛教史有极佳之著述,然多不能取材于教外之典籍,故有时尚可供吾国人之补正余地(然亦甚尠矣)。今公此作,以此标题畅发其蕴,诚所谓金鍼度与人者。就此点言,大作不仅有关明清教史,实一般研究学问之标准作品也。"③

另一方面,陈垣又利用宗教典籍,研究世俗历史。他在《中国佛教史籍概论缘起》中说:"中国佛教史籍,恒与列朝史事有关,不参稽而旁考之,则每有窒碍难通之史迹。此论即将六朝以来史学必需参考之佛教史籍,分类述其大意,以为史学研究之助,非敢言佛教史也。"例如,他指出

---

① 李瑚:《励耘书屋受业偶记》,载陈智超编:《励耘书屋问学记——史学家陈垣的治学》(增订本),生活・读书・新知三联书店 2006 年版,第 221 页。
② 《陈垣学术论文集》(第一集),中华书局 1980 年版,第 192—212、199—130 页。
③ 《陈寅恪集・书信集》,生活・读书・新知三联书店 2001 年版,第 129—130 页。

据唐释智升《开元释教录》，可考前凉张氏始终用晋年号，"不独始称西晋愍帝建兴年号，其末仍用东晋简文帝咸安年号"。又如，他指出据梁释慧皎《高僧传》，可考《世说新语》所关涉的晋僧。《世说新语》中涉及"晋僧几二十人，此二十人中，见于《晋书·艺术传》者仅佛图澄一人，然十之九皆见《高僧传》。"①

陈垣还开拓了以释家语录考史这一新园地。他说："夫语录特释家言耳，史家向不措意，安知其有裨史乘也。"②《汤若望与木陈忞》一文初引语录入史，随后又有《语录与顺治宫廷》《顺治皇帝出家》二文问世。他利用《憨璞语录》《玉林语录》等语录，考证顺治出家问题，得出结论："顺治实曾有意出家，只是出家未遂耳。"③后期的著作《明季滇黔佛教考》《清初僧诤记》，引用语录尤多。

陈垣虽然广泛采用各种类型的私家记载，但他对于官方文书也很重视。他撰写《元也里可温教考》一文时，充分利用了《元史》中的材料。清代学者以《元史》成书仓促，讥为疏略，但关于也里可温在元朝的真相，竟赖《元史》以传。"究其所以存此之由，未始不由于草率之间，悉本诸十三朝实录，不轻笔削也。倘如清人修明史之例，矜为严谨，则芟落必多。"④这就充分肯定了《元史》的价值，而不是像清代学者那样只看到它的缺失。陈垣考明清之际的天主教史，多参考清廷档案。他还在讲课时特别向学生指出清初诸帝的朱批谕旨的史料价值，强调不仅《东华录》望尘莫及，就是当时实录的有关段落也是由朱批谕旨中得来的。⑤ 他在写给他儿子陈乐素的一封信中说："凡研究唐宋以后史者，除正史外，必须熟读各朝一二大家诗文集，能有本事注者更佳，可以观其引用何书，而知正史

---

①　陈垣：《中国佛教史籍概论》，中华书局 1962 年版，第 1、15、25—26 页。

②　陈垣：《语录与顺治宫廷》，载《陈垣学术论文集》（第一集），中华书局 1980 年版，第 518 页。

③　陈垣：《顺治皇帝出家》，载《陈垣学术论文集》（第一集），中华书局 1980 年版，第 535 页。

④　陈垣：《元也里可温教考》，载《陈垣学术论文集》（第一集），中华书局 1980 年版，第 55 页。

⑤　史念海：《忆先师陈援庵先生》，载陈智超编：《励耘书屋问学记——史学家陈垣的治学》（增订本），生活·读书·新知三联书店 2006 年版，第 154 页。

之外,诗文笔记如何有助于考史也。"可见,他对官书与私记都是重视的。①

　　陈垣搜集史料,还有一个特点,就是利用历史上的一些工具书。他很重视《册府元龟》,说:"册府材料丰富,自上古到五代,按人事人物,分门编纂,凡一千一百余门,概括全部十七史。其所见史,又皆北宋以前古本,故可以校史,亦可以补史。"②1942 年,陈垣用《册府元龟》及《通典》补足流失八百年的《魏书》缺页,共 316 字,引起学术界的极大注意,此后用《册府元龟》校史、补史者日多。

　　陈垣对于他所研究的问题,在史料搜寻上确实是"竭泽而渔",掌握材料的丰富,少有人能与之相比。例如,《清初僧诤记》征引书目,多到八十种。《明季滇黔佛教考》征引书目,更多达一百七十余种。陈寅恪在为此书所写的序中称:"寅恪颇喜读内典,又旅居滇地,而于先生是书征引之资料,所未见者,殆十之七八,其搜罗之勤,闻见之博若是。"③但陈垣所写的文章,却从不堆砌材料。陈垣的学生刘乃和回忆说:"他(指陈垣)主张搜集材料要全,但写成文章时,不必把所得材料都放在论文里,要有选择、有重点,要使用最能说明问题的材料。"④

　　陈垣对于搜集史料要全面的看法,还可见于他在一封信中谈到近代史时,说:"史料愈近愈繁。凡道光以来一切档案、碑传、文集、笔记、报章、杂志,皆为史料。如此搜集,颇不容易。窃意宜分类研究,收缩范围,按外交、政治、教育、学术、文学、美术、宗教思想、社会经济、商工业等,逐类研究,较有把握。且既认定门类,搜集材料亦较易。"⑤

　　以下谈陈寅恪。

---

　　① 陈智超主编:《陈垣全集》(第二十三册),安徽大学出版社 2009 年版,第829 页。
　　② 陈垣:《影印明本册府元龟序》,载《陈垣全集》(第七册),安徽大学出版社 2009 年版,第 590—591 页。
　　③ 陈寅恪:《金明馆丛稿二编》,上海古籍出版社 1980 年版,第 240 页。
　　④ 刘乃和:《书屋而今号励耘》,载陈智超编:《励耘书屋问学记——史学家陈垣的治学》(增订本),生活·读书·新知三联书店 2006 年版,第 183 页。
　　⑤ 陈垣:《陈垣致台静农信(1929 年 12 月 3 日)》,载《陈垣全集》(第二十三册),安徽大学出版社 2009 年版,第 123 页。

陈寅恪治史，在史料运用方面的原则，一是尽可能扩充领域；二是取材详备，宁详勿略。他在《梁译大乘起信论伪智恺序中之真史料》一文中，强调扩充资料范围的重要性。"今日中外学人考证佛典虽极精密，然其搜寻资料之范围，尚多不能轶出释教法藏以外。特为扩充其研究之领域，使世之批评佛典者，所恃证据，不限于贝多真实语及其流派文籍之中，斯则不佞草此短简之微意也。"①他还曾对陈述说："历史研究，资料范围尽可能扩大，结论则要尽可能缩小，考证要求合实际。"②取材详备，宁详勿略，也是他经常强调的一个原则。

在《陈述辽史补注序》中，他说："见其所论（指陈述《辽史补注序例》）宁详勿略之旨，甚与鄙见符合。"序中又赞赏《建炎以来系年要录》"喜聚异同，取材详备"。他认为："裴世期之注《三国志》，深受当时内典合本子注之薰习。此盖吾国学术史之一大事，而后代评史者，局于所见，不知古今学术系统之有别流，著述体裁之有变例，以喜聚异同，坐长烦芜为言，其实非也。赵宋史家著述，如《续资治通鉴长编》，《三朝北盟会编》，《建炎以来系年要录》，最能得昔人合本子注之遗意。诚乙部之杰作，岂庸妄子之书，矜诩笔削，自比夏五郭公断烂朝报者所可企及乎？"③对于导源于佛徒的"合本子注"的宋人长编考异法，陈寅恪十分欣赏。在《杨树达论语疏证序》中，他写道："今先生汇集古籍中事实语言之与论语有关者，并间下己意，考订是非，解释疑滞。此司马君实李仁甫长编考异之法，乃自来诂释《论语》者所未有，诚可为治经者辟一新途径，树一新模楷也。"④陈寅恪认为"合本子注"的方法，"与今日语言学者之比较研究法暗合"。支愍度的见解，"即今日历史语言学者之佛典比较研究方法，亦何以远过。"⑤

---

①　陈寅恪：《金明馆丛稿二编》，上海古籍出版社 1980 年版，第 132 页。

②　陈述：《陈寅恪先生手书信札附记》，载王永兴编：《纪念陈寅恪先生百年诞辰学术论文集》，江西教育出版社 1994 年版，第 1—2 页。

③　陈寅恪：《金明馆丛稿二编》，上海古籍出版社 1980 年版，第 234 页。

④　陈寅恪：《金明馆丛稿二编》，上海古籍出版社 1980 年版，第 232 页。

⑤　陈寅恪：《支愍度学说考》，载《金明馆丛稿初编》，上海古籍出版社 1980 年版，第 165 页。

陈寅恪著作中使用的史料十分丰富。在利用私人记载这类史料时，"以诗证史"和"以小说证史"尤具特色。"以诗证史"的方法不自陈氏始。前人可追溯到黄宗羲，同时代人有刘师培和邓之诚。清末刘师培已发表《读全唐诗发微》，邓之诚的《清诗纪事初编》于抗战时期开始撰写。但陈寅恪的贡献则在于把这种方法系统化、完善化。据他在中山大学的学生姜伯勤说："1956—1957年顷，陈寅恪先生在上'元白诗证史'第一课时，指出本课程的目的，即以元白诗证史，用这个方法成一家之言，以拖拉机耕田的速度，有别于老牛木犁之速度，在历史研究上别开生面。而开这门课即是作一个练习。"①陈寅恪晚年耗尽心血完成的巨著《柳如是别传》，据统计，共引用了约六百种材料，包括正史、野史、年谱、志书、笔记小说和诗词戏曲文集，更把以诗文证史的方法发挥得淋漓尽致，不过其中也有不少烦琐、枝蔓的考据。

以小说证史，陈寅恪最为擅长。名篇有《读莺莺传》《桃花源记旁证》《顺宗实录与续玄怪录》等。他认为"有些小说中所叙之人与事，未必实有，但此类事，在当时条件下，则诚有之……例如《水浒传》中之'祝家庄'，有无此庄并以'祝'为名，颇难确证，但像祝家庄这类由地主自组武装，并收纳'庄客'之事，则在宋元时，乃是现实……《太平广记》中记述一系列短篇小说也反映中唐至五代时社会情况。"②又说："小说亦可作参考，因其虽无个性的真实，但有通性的真实。"③

陈寅恪熟悉佛藏、道藏，长于从中搜集材料，与教外文籍结合，用以研究宗教与政治、社会、文化思想、文学等方面的关系。《武曌与佛教》一文论述了武则天利用《大云经》以巩固其女帝政治地位的关系。④《莲花色尼出家因缘跋》一文论述了佛教传入中国后，必须尊重本土的传统道德，

① 姜伯勤：《史与诗——读陈寅恪先生〈元白诗笺证稿〉、〈论再生缘〉、〈柳如是别传〉》，载中山大学历史系编：《陈寅恪与二十世纪中国学术》，浙江人民出版社2000年版，第357页。

② 石泉：《先师寅恪先生治学思路与方法追忆（补充二则）》，载中山大学历史系编：《陈寅恪与二十世纪中国学术》，浙江人民出版社2000年版，第157页。

③ 石泉、李涵：《听寅恪师唐史课笔记一则》，载《纪念陈寅恪先生诞辰百年学术论文集》，北京大学出版社1989年版，第33页。

④ 陈寅恪：《金明馆丛稿二编》，上海古籍出版社1980年版，第137—155页。

而不得不删去莲花色尼屡嫁，而所生之子女皆离夫，不复相识，复与其所生之女共嫁于其所生之子的情节。①《西游记玄奘弟子故事之演变》一文，论述了佛教经典体裁与后来小说文学的关系。②《天师道与滨海地域之关系》一文，旁征博引，从正史、杂史、地理志、医书、类书到道藏，外书与内典相结合，用滨海地域一贯之观念，说明了先后三百余年间天师道与政治、社会的关系。③

陈寅恪对官书和私人记载是同等重视的。明清内阁大库档案几经辗转卖到李盛铎手中，当历史语言研究所听到李氏要卖出这批档案时，陈寅恪极力主张买下，因为他认为这批档案具有第一等原料的性质。1928 年12 月17 日，他写信给傅斯年说："盖历史语言之研究，第一步工作在搜集材料，而第一等之原料为最要。"④史语所于1929 年买下档案，同年成立了"明清史料编刊委员会"，陈寅恪与朱希祖、陈垣、傅斯年、徐中舒一起参加。陈寅恪利用内阁大库档案，写了《高鸿中明清和议条陈残本跋》一文，称"此残篇故纸，盖三百年前废兴得失关键之所在，因略征旧籍，以为参证如此。"⑤

陈寅恪有关隋唐史的两本名著《隋唐制度渊源略论稿》和《唐代政治史述论稿》，大量使用新、旧《唐书》和《资治通鉴》这类常见的传统史料。他在平日讲课时，也强调官方文书的重要性。据卞僧慧"'晋至唐史'开课笔记"（1935 年9 月23 日），陈氏所列参考书，其中"最低限度必读书"有：《资治通鉴》《通典》和新、旧（书·志）。进一步学习的书有《晋书》《南北史》《新唐书》。"进行广泛的研究"，除上列书，再加上《宋》《南齐》《梁》《陈》《魏》《北齐》《周》《隋》诸书，《旧唐书》《册府元龟》《太平广

　　① 陈寅恪：《寒柳堂集》，上海古籍出版社1980 年版，第151—156 页。

　　② 陈寅恪：《金明馆丛稿二编》，上海古籍出版社1980 年版，第192—197 页。

　　③ 陈寅恪：《金明馆丛稿初编》，上海古籍出版社1980 年版，第1—40 页。

　　④ 转引自王汎森：《傅斯年：中国近代历史与政治中的个体生命》，生活·读书·新知三联书店2012 年版，第340 页。

　　⑤ 陈寅恪：《金明馆丛稿二编》，上海古籍出版社1980 年版，第129—131 页。

记》以及诗文集、笔记，如《全唐诗》《全唐文》等。① 在这个书单中，官修的正史占很大比重，但诗文集、笔记等私家记载也未忽视。

陈寅恪既然主张尽可能扩充史料的领域，自然要重视新史料的发现。他在《陈垣敦煌劫余录序》中说："一时代之学术，必有其新材料与新问题。取用此材料，以研求问题，则为此时代学术之新潮流。治学之士，得预于此潮流者，谓之预流（借用佛教初果之名）。其未得预者，谓之未入流。此古今学术史之通义，非彼闭门造车之徒，所能同喻者也。敦煌学者，今日世界学术之新潮流也。"②陈寅恪不仅在理论上指出了敦煌学的重要性，还身体力行，撰写论文，在佛经、史学、文学等方面都有开创性的贡献。关于什么是新材料，陈寅恪的看法是："所谓新材料，并非从天空中掉下来的，乃指新发现，或原藏于他处，或本为旧材料而加以新注意、新解释。"③

陈寅恪注意发掘新史料，但他仍认为群经诸史这类旧史料是治史者必须作为基础利用的。针对清代以降一些专治金石而忽视经史者，他指出："自昔长于金石之学者，必为深研经史之人，非通经无以释金文，非治史无以证石刻。群经诸史，乃古史资料多数之所汇集。金文石刻则其少数脱离之片段，未有不了解多数汇集之资料，而能考释少数脱离之片段不误者。"④他还说："必定旧材料很熟，而后才能利用新材料。因为新材料是零星发现的，是片断的。旧材料熟，才能把新材料安置于适宜的地位。正像一幅古画已残破，必须知道画的大概轮廓，才能将其一山一树置于适当地位，以复旧观。"⑤

① 卞僧慧纂：《陈寅恪先生年谱长编（初稿）》，中华书局 2010 年版，第 362—364 页。可再参见石泉、李涵：《听寅恪师唐史课笔记一则》，载《纪念陈寅恪先生诞辰百年学术论文集》，北京大学出版社 1989 年版，第 32—34 页。

② 陈寅恪：《陈垣敦煌劫余录序》，载《金明馆丛稿二编》，上海古籍出版社 1980 年版，第 236 页。

③ 卞僧慧纂：《陈寅恪先生年谱长编（初稿）》，中华书局 2010 年版，第 363 页。

④ 陈寅恪：《杨树达积微居小学金石论丛续稿序》，载《金明馆丛稿二编》，上海古籍出版社 1980 年版，第 230 页。

⑤ 卞僧慧纂：《陈寅恪先生年谱长编（初稿）》，中华书局 2010 年版，第 363 页。

陈寅恪对史料有很开阔的看法。一般认为史论无关史学，无史料价值，但他却认为："史论之作者，或有意，或无意，其发为言论之时，即已印入作者及其时代之环境背景，实无异于今日新闻纸之社论时评。若善用之，皆有助于考史。故苏子瞻之史论，北宋之政论也。胡致堂之史论，南宋之政论也。王船山之史论，明末之政论也。"①

关于史料的真伪问题，陈寅恪持辩证的看法。他说："以中国今日之考据学，已足辨别古书之真伪。然真伪者，不过相对问题，而最要在能审定伪材料之时代及作者，而利用之。盖伪材料亦有时与真材料同一可贵。如某种伪材料，若径认为其所依托之时代及作者之真产物，固不可也。但能考出其作伪时代及作者，即据以说明此时代及作者之思想，则变为一真材料矣"。② 他专门写了《梁译大乘起信论伪智恺序中之真史料》一文，说明智恺序虽是伪造，而伪序中却含有一部分真史料。③

总之，陈垣、陈寅恪二人使用史料的原则和具体办法是：官书与私记并重、兼采，根据研究问题的需要，用所当用。他们使用的史料十分丰富，但因他们都不专门研究经济史，故著作中涉及的经济史料很少。

三、余 论

西方史学的发展趋势也证明了史料的扩充确实有助于史学的进步。

德国史学家兰克在 19 世纪欧洲史学界享有盛誉，他的著作被认为史料丰富、考证精确，其实并不尽然。兰克始终关注的是以统治阶级上层人

---

① 陈寅恪：《冯友兰中国哲学史上册审查报告》，载《金明馆丛稿二编》，上海古籍出版社1980 年版，第 248 页。

② 陈寅恪：《冯友兰中国哲学史上册审查报告》，载《金明馆丛稿二编》，上海古籍出版社1980 年版，第 248 页。

③ 参见陈寅恪：《金明馆丛稿二编》，上海古籍出版社 1980 年版，第 132—136 页。

物为主角的政治史,尤其是外交史,因此他的取材也不出这个范围。外交人员报告、外交书信,例如 16 世纪和 17 世纪威尼斯大使的 47 册报告,是他特别重视的史料。社会、经济因素几乎被他完全排斥在外,所以他的著作也缺乏这方面的史料。① 应该说,兰克在利用欧洲各国档案馆的政治、外交史料方面比前人有了很大的进展,但他使用史料的局限性也是很明显的。

兰克看重统治阶级上层人物而轻视下层百姓。马克思称兰克为"天生的'历史的宫廷侍从'"。② 与兰克相反,马克思、恩格斯十分重视人民群众在历史中的作用。恩格斯为了说明英国工人阶级的状况,除亲自调查外,还广泛使用了各种官方文件和资料,如《皇家委员会关于工人阶级的居住条件的报告。英格兰和威尔士》《英国户籍总署署长关于出生、死亡、婚姻的第五号年度报告》等。③ 马克思写《资本论》第 1 卷第 8 章《工作日》,大量利用了英国《工厂视察员报告》《童工调查委员会报告》等材料。④ 他们开拓了新的史料来源,大大推动了无产阶级历史的研究。

19 世纪末,历史学界出现了一种广泛的信念,认为历史学的选材必须扩大,对社会、经济文化的作用应给予更多的重视。相应地人们要求历史学应该更密切地与各类社会科学相联系。⑤ 进入 20 世纪,特别是在第二次世界大战以后,出现了若干新的学派。新学派为了贯彻他们对历史的看法,就必须采用新的研究方法,开拓新的史料来源。以 1929 年成立的年鉴派为例,他们提倡总体地研究历史,这种历史包括人类社会的全部层次:从政治、外交、军事到经济、社会、文化、心态、人口,等等。需要研究

---

① 参见[苏]叶·阿·科斯敏斯基:《中世纪史学史》,商务印书馆 2011 年版,第 420—429 页;[英]乔治·皮博迪·古奇:《十九世纪历史学与历史学家》上册,商务印书馆 2011 年版,第 175—215 页。

② 1864 年 9 月 7 日马克思致恩格斯信,见《马克思恩格斯全集》第 30 卷,人民出版社 1974 年版,第 423 页。

③ 《马克思恩格斯文集》第 1 卷,人民出版社 2009 年版,第 418—421 页。

④ 《马克思恩格斯文集》第 5 卷,人民出版社 2009 年版,第 267—350 页。

⑤ 参见[美]伊格尔斯:《二十世纪的历史学》,辽宁教育出版社 2003 年版,第 35 页。

的新问题很多,从而要发现新的史料。经济社会史的研究依赖财政档案、税务档案、法律档案、土地文书、身份证明记录等类的资料。人口史的研究离不开中古时期教区用于出生、洗礼、婚姻和丧葬的登记册和近代的人口普查记录。这些都是旧日传统史学所忽略的史料。现代史学扩充史料的例子可谓举不胜举。

　　总之,到了21世纪,历史资料的数量已达到了无法统计的程度。旧史料堆积如山,但尚有许多未被利用,①新史料复层出不穷,第二次世界大战后各个国家和地区的档案数量和档案馆都在增加。② 尽管如此,史料以后还会继续扩充,也必须继续扩充。因为人类社会在发展,发展中必然产生新问题,有了新问题,就必须搜集与新问题有关的新资料。马克思当年说过:"英国博物馆中堆积着政治经济学史的大量资料,伦敦对于考察资产阶级社会是一个方便的地点,最后,随着加利福尼亚和澳大利亚金矿的发现,资产阶级社会看来进入了新的发展阶段,这一切决定我再从头开始,批判地仔细钻研新的材料。"③这个道理仍然适用于今天,或者说,更适用于今天,因为人类进入20世纪后发生了前所未有的巨大变化,进入21世纪后,将会发生更大的变化。从资料方面看,今人研究历史,有幸有不幸。幸运的是:有取之不尽、用之不竭的史料。不幸的是:史料如汪洋大海,史家有陷溺其中的危险。搜集材料应力求全面,但全面不等于一点不漏,一点不漏是绝对不可能的。但做到全面又谈何容易。史家为免灭顶之灾的自救之方就有赖于理论的提高和方法的改进。史学理论的提高和史学方法的改进是两个专门的大问题,已超出本文的范围,兹不具论。这里只想提及一点,即史料、史学理论

---

　　①　试举一例说明。现存于英国剑桥大学图书馆的怡和洋行档案包括英、中两种文字,内容有各种公私函件、账簿单据及商情时价报告等,具有很高的史料价值,但至今中外学者只有少数人曾经利用。参见杨联升:《剑桥大学所藏怡和洋行中文档案选注》,载《杨联升论文集》,中国社会科学出版社1992年版,第116—126页。

　　②　参见[英]杰弗里·巴勒克拉夫:《当代史学主要趋势》第六章第一节"史料的获得和档案机构",北京大学出版社2006年版,第233—243页。

　　③　马克思:《〈政治经济学批判〉序言》,载《马克思恩格斯文集》第2卷,人民出版社2009年版,第593页。

和史学方法是三个互相关联的问题，可分别论述，但不可奉其一为至尊，而贬其二为附庸。本文旨在说明运用史料应当官书与私记并重，新史料与旧史料兼采，而绝无意宣扬"史料至上"的观点。笔者学识浅陋，暮年撰稿，更多失误，敬希读者指正。

（原载《历史教学问题》2013 年第 2 期）

第 二 讲
谈日记的史料价值

日记是私人记载的一种,按照年月日记录作者的亲身经历和见闻,以及作者对人对事的看法,历来被认为具有直接史料的价值,是治史者所必需参考的。由于日记记录的是当天所发生的事情,而不是事后的追忆,故比较准确。由于日记是写给自己看的,故能比较真实地反映作者的个性。此外,日记中谈到的作者所处时代的政治、经济、社会、文化诸方面的情况,亦可与官书和书信、回忆录等其他私人文件互相参照比较。

日记原本是写给自己看的,多数日记都属于这一类。这类日记能反映作者的"真面目",具有较高的史料价值。但也有少数日记是被作者当作"著作",准备身后发表的,甚至在当时就供给他人阅读的。这类日记时时有些做作,难以从中看见作者的"心",即灵魂深处的东西。但如果作者是某一方面的重要人物,记下了他掌握的一般人所不知道或难知其详的种种情况,则这种日记仍有相当高的史料价值。

因篇幅所限,兹先就政治和文化两类人物的日记,各择数例以说明日记的史料价值。

一、政治人物的日记

（一）高级官员的日记

这类人物的日记，有些因讳忌太多，并未提供重要史料，如《曾文正公手书日记》。王闿运于序说："惜其记事简略，非同时人莫能知其厓涘，故闿运观之而了然，不能喻之人也。时历四纪，欲学裴松之以注辅志，则记录文字不备，无从搜求。"①有些则内容丰富，可备史乘，下文略举数例予以说明。

1.《翁同龢日记》（即《翁文恭公日记》）

翁氏日记，起自咸丰八年六月二十一日（1858 年 7 月 31 日），迄于光绪三十年五月十四日（1904 年 6 月 27 日），长达 46 年，记叙了许多重要史事和作者本人的思想与活动，内容十分丰富。

翁同龢在戊戌变法中的作用，论者已多，基本肯定，而于他在甲午战争中的表现，亦有人誉美逾分，实未得其当。兹据翁氏日记，集中谈一下他在甲午战争中的作为。由于本文不是全面谈翁氏日记，对其他内容一概从略。

光绪二十年甲午七月初一（1894 年 8 月 1 日），中日同时宣战。战争开始前，李鸿章畏敌怯战，幻想依赖俄、英的调停，与日本讲和，以致屡误战机，被日本招招争先。八月十六日（9 月 15 日），清军溃败，平壤弃守。八月十八日（9 月 17 日），黄海一战，清海军又败。翁同龢等主战派一方面继续抨弹李鸿章，另一方面则纷纷奏请起用被那拉氏罢黜、已息影十年

---

① 《曾文正公手书日记》，上海中国图书公司于宣统元年印行。按：王闿运曾居肃顺幕，甚受信任，咸丰末出都。肃败，未及祸。后遨游湘淮诸帅间，熟知内幕。

的恭亲王奕訢。十月三日(10月31日)，翁同龢见奕訢，"痛哭流涕，请持危局"。① 十月五日(11月2日)下诏，恭亲王督办军务，各路统兵大员均归节制。次日，翁同龢、李鸿藻、刚毅补授军机大臣。奕訢出山后，亦主议和，翁同龢大失所望，但无可奈何。翁、李入军机后不久，旅顺于十月二十四日(11月21日)失守。十月二十七日(11月24日)，李鸿章受到革职留任、摘去顶戴处分。是日，翁同龢邀奕訢等来商，"相对无一策"。② 翁、李虽已入军机，掌握实权，但他们素不知兵，于是又寄希望于时任两江总督的湘军将领刘坤一。十二月二日(12月28日)，清廷授刘坤一钦差大臣，关内外防剿各军统归节制。刘坤一到京后，翁同龢即于十二月十五日(1895年1月10日)访刘，"辩论甚长，伊执队不齐械不备不能轻试之语，百折不回也。"③十二月十七日(1895年1月12日)翁至"督办处，始见宋庆报盖平失陷情形，自请治罪，催刘出关，诸公相对，一筹莫展。"④十二月十九日(1895年1月14日)，翁偕奕訢等至督办处，刘坤一在场，"闻命(按指命他进扎山海关——笔者)惶悚，具陈所处之难，慰藉良久乃平。"⑤在一再督促下，刘坤一才于十二月二十四日(1895年1月19日)带着满腹牢骚勉强出京。翁同龢倚重的刘坤一实际上畏敌怯战，湘军亦不足恃。据文廷式《闻尘偶记》："刘坤一治兵既无效，而营求回任之心至极，内则恭亲王、荣禄主之，然上意殊不谓然也。乃遣江苏候补道丁葆元入都，粮台以报销余款十万济之，遂得要领。余告李高阳(按：即李鸿藻——笔者)，高阳以为事所必无。不数日而回任之旨下。高阳又谓余曰：'汝前所言之事，乃真实语也。丁者何名？信有神通耶？'余曰：'非某知之，有门人籍宁波者，言四恒(宁波人在京师开银号者，有恒顺、恒丰等共四家，交通贿赂，人皆信之，故名)前月已出票，故敢告也。'"⑥这条材料，可作旁

---

① 陈义杰整理：《翁同龢日记》(第五册)，中华书局2006年版，第2745页。

② 陈义杰整理：《翁同龢日记》(第五册)，中华书局2006年版，第2753页。

③ 陈义杰整理：《翁同龢日记》(第五册)，中华书局2006年版，第2768页。

④ 陈义杰整理：《翁同龢日记》(第五册)，中华书局2006年版，第2768页。

⑤ 陈义杰整理：《翁同龢日记》(第五册)，中华书局2006年版，第2769页。

⑥ 文廷式：《闻尘偶记》，载《文廷式集》，中华书局1993年版，第735页。

证参考。

战事日益失利,日记中屡屡出现彷徨无计的情况。十二月二十六日(1895年1月21日):"电报多,威海日逼矣,奈何奈何!"①十二月二十七日(1895年1月22日):"廿五申刻荣城县失守,威海益迫,恐旦夕复失,相对于邑。"②光绪二十一年一月七日(1895年2月1日):"商威海事,竟不能发一策,可叹。"③一月九日(2月3日):"威海北岸三台尽失……相对默然,计无所出。"④一月十八日(2月12日),丁汝昌自杀身亡。二月八日(3月4日),湘军败于牛庄。二月九日(3月5日):"得吴清卿私电,贼于初八扑牛庄,魏(光焘)、李(光久)两军皆败(按:魏、李皆湘军——笔者)……可危之至。"⑤二月二十三日(3月19日),李鸿章到达马关,次日开始议和。二月二十九日(3月25日),翁同龢至直房,与奕訢"相对愁绝"。⑥三月五日(3月30日),停战协定订立,但只限于北方。三月六日(3月31日):"赴督办处,楚囚相对,意况不堪。"⑦略举以上数例,已可看出翁等主战派之束手无策。石泉在《甲午战争前后之晚清政局》一书中说:"彼等主战,但并无实际有效之方策以支持战争,而自立于不败之地,更无论乎求胜矣。"⑧

清代同光朝士大夫有所谓"清流""浊流"之分。翁同龢是清流首领人物之一。陈寅恪在《寒柳堂记梦未定稿》中说:"自同治至光绪末年,京官以恭亲王奕訢、李鸿藻、翁同龢、张佩纶等,外官以沈葆桢、张之洞等为清流。京官以醇亲王奕譞、孙毓汶等,外官以李鸿章、张树声等为浊流。"又云:"同光时代士大夫之清流,大抵为少年科第,不谙地方实情及国际形势,务为高论。""总而言之,清流士大夫,虽较清廉,然殊无才实。浊流

---

① 陈义杰整理:《翁同龢日记》(第五册),中华书局2006年版,第2770页。
② 陈义杰整理:《翁同龢日记》(第五册),中华书局2006年版,第2771页。
③ 陈义杰整理:《翁同龢日记》(第五册),中华书局2006年版,第2775页。
④ 陈义杰整理:《翁同龢日记》(第五册),中华书局2006年版,第2775页。
⑤ 陈义杰整理:《翁同龢日记》(第五册),中华书局2006年版,第2783页。
⑥ 陈义杰整理:《翁同龢日记》(第五册),中华书局2006年版,第2788页。
⑦ 陈义杰整理:《翁同龢日记》(第五册),中华书局2006年版,第2790页。
⑧ 石泉:《甲午战争前后之晚清政局》,生活·读书·新知三联书店1997年版,第124页。

士大夫略具才实,然甚贪污。其中固有例外,然以此原则衡清季数十年人事世变,虽不中亦不远也。"①陈寅恪对清流的一般看法,也适合于翁同龢个人。翁于咸丰六年(1856年)中状元,时方26岁,陈寅恪所谓"少年科第"者。后升迁很快,但从未在地方上任过职,更没有带兵打仗的经验。甲午战前,思想顽固保守,例如他在光绪二年二月初一(1876年2月25日)日记中大骂郭嵩焘:"适郭筠仙来,遂论洋务,……其以电信、铁路为必行,及洋税加倍,厘金尽撤者谬也。至援引古书,伸其妄辩,直是丧心狂走矣。"②又如,翁同龢对于同文馆也是坚决反对的。同治五年十二月(1867年1月),总理衙门议考选正途五品以下京外官入同文馆从西人肆习天文、算学。同治六年二月十五日(1867年3月20日),大学士倭仁上书坚决反对,奏称:"立国之道,尚礼义不尚权谋;根本之图,在人心不在技艺。"前二日(3月18日),翁在日记中写道:"同文馆之设,谣言甚多,有对联云:'鬼计本多端,使小朝廷设同文之馆;军机无远略,诱佳子弟拜异类为师。'"③二月二十四日(3月29日),翁又记嘲骂同文馆的俚语和对联:"京师口语藉藉,或粘纸于前门以俚语笑骂。('胡闹胡闹,教人都从了天主教'云云)或作对句:'未同而言,斯文将丧',又曰:'孔门弟子,鬼谷先生'。"④恭亲王奕訢针对倭仁的这种态度,干脆请旨命倭仁在总理各国事务衙门行走,让他尝尝洋务的味道,同他开了一个大玩笑。倭仁当然不肯就职。翁同龢站在倭仁一方,从同年三月二十一日(4月25日)起,多次与倭仁一起商量如何辞去在总理衙门行走的差使。后辞职终于获准,六月十二日(7月13日):"倭艮翁是日请开缺,闻准开一切差使,仍以大学士在弘德殿行走,为之额手。"⑤从翁同龢对待同文馆的态度,再次可

---

① 陈寅恪:《寒柳堂集》,上海古籍出版社1980年版,第170—171页;石泉整理:《寒柳堂记梦未定稿》(补),载王永兴编:《纪念陈寅恪先生百年诞辰学术论文集》,江西教育出版社1994年版。

② 按:翁同龢斥郭嵩焘语,张元济影印的《翁氏日记》将其删去。今中华书局版《翁同龢日记》亦无。上述翁氏语,据孔祥吉:《清人日记研究》,广东人民出版社2008年版,第32页。

③ 陈义杰整理:《翁同龢日记》(第一册),中华书局2006年版,第519页。

④ 陈义杰整理:《翁同龢日记》(第一册),中华书局2006年版,第521页。

⑤ 陈义杰整理:《翁同龢日记》(第一册),中华书局2006年版,第544页。

见甲午战前他对世界大势的茫无所知以及拒绝向西方学习的守旧立场。这样一个人,在甲午战争中的表现只能是主战却拿不出实际有效的办法。

总之,那拉氏、李鸿章、孙毓汶等主和派误国有罪,翁同龢、李鸿藻等主战派虽愤激有加,然无救时之才,亦不过徒作高论、张皇求胜而已。同光时,清朝统治阶级整体上已经十分腐朽,甲午战败是不可避免的。翁同龢的可贵之处,不在于他在甲午战争中的主战,而在于战后他能够猛醒,走上维新变法的道路。

2.《郭嵩焘日记》

郭嵩焘是清朝同治、光绪年间洋务派中最有见解的一人。顽固昏庸的士大夫激烈反对他的主张,甚至诋毁他的人格,骂之为"汉奸"。他的日记现存手稿始于咸丰五年(1855 年),迄于光绪十七年(1891 年),长达37 年(其间缺三段,为时约 39 个月),内容十分丰富。我们从中摘取他出使外国时的日记若干则,以见他对西方的认识,从而亦可了解顽固派何以对他恨之入骨的原因。

光绪元年八月八日(1875 年 9 月 7 日),清廷正式下诏,命郭嵩焘充任使英大臣。当时,清朝虽已数败于西方资本主义国家,但大多数士大夫的虚骄之气丝毫未减,仍视出使外国为可耻之事。1876 年初,京师编造联语,以"出乎其类,拔乎其萃,不容于尧舜之世;未能事人,焉能事鬼,何必去父母之邦"相诮訾,湖南顽固士绅甚至耻与郭为伍。光绪二年十月五日(1876 年 11 月 20 日),郭嵩焘在致两江总督沈葆桢的信中悲愤地说:"嵩焘乃以老病之身,奔走七万里,自京师士大夫,下及乡里父老,相与痛诋之,更不复以人数。"①在这样恶劣的政治气氛下,郭嵩焘仍毅然决然地决定出使。光绪二年十月十八日(1876 年 12 月 3 日),郭自上海启程。十二月八日(1877 年 1 月 21 日),抵伦敦。十二月二十五日(1877 年2 月 7 日),正式呈递国书。郭嵩焘自上海启程后,就沿途见闻和他的一些看法都有日记,抵英后加以整理,录呈总理各国事务衙门,题名为《使

---

① 黄濬:《花随人圣庵摭忆》(上),中华书局 2008 年版,第 247 页。

西纪程》。总署将之刊行，引起了一场轩然大波。

《使西纪程》中有这样一段话："西洋立国两千年，政教修明，具有本末，与辽、金崛起一时，倏盛倏衰，情形绝异。其至中国，唯务通商而已，而窟穴已深，逼处凭陵，智力兼胜。所以应付处理之方，岂能不一讲求？并不得以和论。无故悬一'和'字以为劫持朝廷之资，侈口张目以自快其议论，至有谓'宁可覆国亡家，不可言和'者，京师已屡闻此言。……诚不意宋、明诸儒议论，流传为害之烈一至斯也。"①这段话中也有对西方国家认识不清的地方，如说它们"至中国，唯务通商而已"，而看不到它们侵略的本质。但郭氏强调的"西洋立国两千年，政教修明，具有本末"这一点，确有见解，而这正是顽固派绝对不承认的。他们认为，只有中国才是礼仪之邦，政教修明，立国有本。西洋国家哪有什么政教可言，最多不过是掌握了"术数""技巧"而已，但这些都是"末"，本末不能倒置，靠"一技之末"是不可能起中国于衰弱的。清流大佬李鸿藻看了《使西纪程》以后大怒，逢人便骂。于是，编修何金寿在李的授意下，②上奏弹劾郭嵩焘，斥为"大清无此臣子"。光绪三年六月十一日（1877 年 7 月 21 日），清廷下诏毁《使西纪程》版。

郭嵩焘是一个事业心很强、有远大抱负的人，并未因毁版一事的打击而一蹶不振。他继续深入考察，从根本制度上去认识英国，提出了一些十分重要的看法。例如，光绪三年十一月十八日（1877 年 12 月 22 日）的日记写道："其初国政亦甚乖乱。推原其立国本末，所以持久而国势益张者，则在巴力门议政院有维持国是之义；设买阿尔治民，有顺从民愿之情。二者相持，是以君与民交相维系，迭盛迭衰，而立国千余年终以不敝。人才学问相承以起，而皆有以自效，此其立国之本也。而巴力门君民争政，互相残杀，数百年久而后定，买阿尔独相安无事，亦可知为君者之欲易逞而难戢，而小民之情难拂而易安也。中国秦汉以来二千余年适得其反，能

① 郭嵩焘：《使西纪程》，载郭嵩焘等：《郭嵩焘等使西记六种》，湖南人民出版社 1982 年版，第 39—40 页。
② 黄濬：《花随人圣庵摭忆》（上），中华书局 2008 年版，第 249 页。又见《李鸿章朋僚函稿》卷 19，《近代中国史料丛刊》第四辑（32），文海出版社 1967 年版，第 1310 页。

辨此者鲜矣!"①光绪三年十二月十八日(1878年1月20日)又记:"而国政一公之臣民,其君不以为私。其择官治事,亦有阶级资格,而所用必皆贤能,一与其臣民共之,朝廷之爱憎无所施。臣民一有不惬,即不得安其位。自始设立议政院,即分同、异二党,使各竭其志意,推究辩驳,以定是非,而秉政者亦于其间迭起以争胜。于是两党相持之局,一成而不可易,问难酬答,直输其情,无有隐避,积之久而亦习为风俗。……朝廷又一公其政于臣民,直言极论,无所忌讳。庶人上书,皆与酬答。其风俗之成,酝酿固已深矣。世安有无政治教化而能成风俗者哉?"②

郭嵩焘对西方国家的这些认识,在同光年间的士大夫中可谓罕见,实在可贵。当时的顽固守旧势力认为这些"夷狄之邦"根本谈不上有什么文物制度,他们甚至连西方拥有的近代交通工具也深恶痛绝。以铁路为例,同治十三年(1874年)冬李鸿章赴京谒晤恭亲王奕訢,"极陈铁路利益……邸意亦以为然,谓无人敢主持。复请其乘间为两宫言之,渠谓两宫亦不能定此大计。"③郭嵩焘在其《复姚彦嘉书》中说:"士大夫语及洋人,则大憾。见洋人机器,所以致富强,则益憾。独于洋烟,甘心吸嗜。"④可谓愤极而言。

至于洋务派巨头如李鸿章、沈葆桢、张之洞等也只认识到筑铁路、造轮船、通邮电、开矿山、兴学校的重要性,但他们对于中国的封建制度和文明则认为远非西方可比,是"本"是"体",必须维护而不可触动的。郭嵩焘则不仅能看到西方的"船坚炮利",而且能认识到西方在政治教化方面胜于中国的地方,所以他在洋务派中也是最有眼光的。

1891年郭嵩焘去世。直隶总督李鸿章奏上郭的学行政绩,请宣付史馆立传,并请赐谥。奏中说:郭"平生于洋务最为究心,所论利害,皆洞入

---

① 《郭嵩焘日记》(第三卷),湖南人民出版社1982年版,第373页。
② 《郭嵩焘日记》(第三卷),湖南人民出版社1982年版,第393页。
③ 见李鸿章复郭嵩焘函,光绪三年六月初一(1877年7月11日),载《李鸿章全集》第32册《信函四》,安徽教育出版社2008年版,第75—76页。
④ 黄濬:《花随人圣庵摭忆》(上),中华书局2008年版,第169页。

精微,事后无不征验。"①奏入,被驳,诏不准立传赐谥,理由是"郭嵩焘出使外洋,所著书籍,颇滋物议,所请著不准行。"②他在英国最赏识的海军留学生严复,这时已任北洋水师学堂总教习,惊闻郭去世,写了一副挽联:"平生蒙国士之知,而今鹤翅鶇鶇,激赏深惭羊叔子;惟公负独醒之累,在昔蛾眉谣诼,离忧岂仅屈灵均?"③李鸿章的评价是公允的,而严复挽联中所称"负独醒之累",尤其是对郭嵩焘的准确的历史定位。郭嵩焘关于西方的种种看法,特别是政教修明这一点确实是"独醒"之见,正由于此,才遭到顽固守旧势力的谤毁和世俗的误解。先驱者往往不免一时处于孤独的地位,但这也正是他们可贵的地方。

3.《齐亚诺日记》

齐亚诺是意大利墨索里尼政府的外交大臣,是墨索里尼的政治亲信,还是他的女婿。齐亚诺的日记有两本:1937—1938 年一本;1939—1943年一本。从他的日记中,可以得到有关墨索里尼政府外交、内政方面一些不为外界所知的材料,兹举数例并略加说明。

1937 年 9 月 21 日齐亚诺日记,有几句关于尼翁会议的十分重要的话:"这是一次卓越的胜利。从被怀疑的海盗变为地中海的警察——而且船只被我们击沉的俄国人被排除在外。"④齐亚诺所说的"一次卓越的胜利",是指何而言呢? 他又为什么如此得意呢? 1936 年西班牙内战爆发后,意大利站在叛军佛朗哥一方。1937 年 8 月中旬至 9 月初,意大利的潜艇和飞机攻击了法、苏、英、希腊、丹麦、西班牙(共和国政府方面)等国的船只。9 月 14 日,尼翁会议九国达成协议,建立了海上巡逻体系,规定对攻击不属于西班牙纷争任何一方的商船的潜艇都予以消灭。英国明明知道海盗行为是意大利干的,但仍与法国一道给了意大利一定的巡逻

---

① 《李鸿章全集》第 14 册《奏议十四》,安徽教育出版社 2008 年版,第 136 页。
② 《清实录·德宗景皇帝实录(四)》卷二九九,中华书局 1987 年版,第 965 页。
③ 王栻主编:《严复集》(第五册),中华书局 1986 年版,第 1548 页。
④ ［意］加莱阿佐·齐亚诺:《齐亚诺日记(1937—1938 年)》(*Ciano's Diary* 1937—1938),伦敦 1952 年版,第 15 页。

范围。实际上,这等于给了意大利继续向佛朗哥叛军提供援助而不被发觉的便利。尼翁会议原拟分配给苏联的巡逻范围是北爱琴海,但土耳其等东地中海国家反对与苏联合作。后来决定爱琴海区域也由英、法担任巡逻任务,而由小国和苏联予以协助。这就实际上把苏联排除在外了。齐亚诺的得意扬扬,恰好说明了英、法的绥靖政策不是维护和平的政策,而是纵容侵略的政策。

1937 年 11 月 6 日,意大利加入了德、日《反共产国际协定》。加入前几天,1937 年 11 月 2 日齐亚诺在日记中写道:"三国公约,在理论上是反共产国际的,但实际上明白无误地是反对英国的。"①这则日记道出了《反共产国际协定》的一个重要目的。从条文上看,这个协定完全是针对共产国际的,但它也是一种策略,即利用一些国家害怕共产主义的心理,以推行三国的侵略政策,特别是要达到威慑英国的目的。11 月 6 日,即签字的当天,日记写道:"三个国家正在一起走上一条或许可能引起战争的道路。一场为了打破正在窒息年青国家的活力和大志的硬壳而必需的战争。"②在 1939 年 1 月 12 日的日记中,齐亚诺又谈到了三国盟约:"德国重新武装一事,成为英国人的心头重负。他们如能看清将来,就应准备作出任何牺牲。他们心头的这一阴影使我更觉缔结三国盟约是必要的。有此工具在手,便能有求必得。"③

1939 年 1 月 11 日的日记有一段对英国首相张伯伦之流的评价,值得注意。1939 年 1 月,张伯伦访问意大利。11 日墨索里尼与张伯伦会谈后,评论说:"这些人与创造大英帝国的弗朗西斯·德雷克等伟大冒险家并不是同样材料塑成的。说到底,他们不过是些富豪世家的没有出息的

① [意]加莱阿佐·齐亚诺:《齐亚诺日记(1937—1938 年)》,(Ciano's Diary 1937—1938),伦敦 1952 年版,第 27 页。
② [意]加莱阿佐·齐亚诺:《齐亚诺日记(1937—1938 年)》,(Ciano's Diary 1937—1938),伦敦 1952 年版,第 28—29 页。
③ [意]加莱阿佐·齐亚诺:《齐亚诺日记(1939—1943 年)》,商务印书馆 1983 年版,第 56—57 页。

玄孙,他们会把他们的帝国败掉的。"①这段话说明:英国越是推行绥靖政策,法西斯国家就越嚣张,越看不起张伯伦之流,因而得寸进尺,终于在绥靖政策的纵容下挑起第二次世界大战。

　　德、意虽然结成同盟,但德国根本看不起意大利这个走卒,齐亚诺日记有多处谈到这一点。1939 年 8 月 11 日:"每当我问及德国行动计划时,冯·里宾特罗甫往往闪烁其词。……我能断定,即使让德国人之所得超出他们之所求,他们也要进攻,因为他们已被毁灭的魔鬼迷住了心窍。……我开始意识到,我们在德国人的心目中是多么渺小。"②1939 年 8 月 12 日:"实际上,我感觉到,就德国人而言,与我们结盟只是意味着迫使敌方以若干师对付我们,从而缓和德国战线的局势。此外他们一概不管。对于我们的命运,他们毫不在意。他们知道,强行作出决定的,是他们而不是我们。总而言之,他们答应给我们的只是微不足道的一点点。"③1943 年 12 月 23 日——最后记载:"从萨尔茨堡会谈以来,在意大利中立期间以及战争期间,柏林对付意大利的政策不过是谎言、阴谋和欺骗之大杂烩。他们从未把我们看作伙伴,而总是把我们当作奴才。他们每次采取行动从不告知我们;甚至连各种最基本的决定也是在付诸行动之后才通知我们。……在德军已越过俄国东部国境半小时以后,我们才得知进攻俄国的消息。"④

　　齐亚诺日记还记载了一些有关意大利投机参加第二次世界大战的情况。1939 年 9 月德国入侵波兰,发动第二次世界大战后,意大利暂时采取"非交战"立场,持观望态度。直到法国败局已定,意大利才于 1940 年 6 月 10 日对英、法宣战。这是因为意大利的经济力量和军事力量都严重

————————

　　① ［意］加莱阿佐·齐亚诺:《齐亚诺日记(1939—1943 年)》,商务印书馆 1983 年版,第 56 页。
　　② ［意］加莱阿佐·齐亚诺:《齐亚诺日记(1939—1943 年)》,商务印书馆 1983 年版,第 164—165 页。
　　③ ［意］加莱阿佐·齐亚诺:《齐亚诺日记(1939—1943 年)》,商务印书馆 1983 年版,第 165 页。
　　④ ［意］加莱阿佐·齐亚诺:《齐亚诺日记(1939—1943 年)》,商务印书馆 1983 年版,第 636 页。

不足。1939 年 8 月 6 日:"我们的黄金储备已近枯竭,金属储备也将耗尽,远未完成在独裁政治和军事方面的准备工作。"①1939 年 9 月 18 日:"晚上,我与领袖长谈。我向他汇报了从格拉齐亚尼将军那儿获悉的情况。目前我们一线兵力总共只有 10 个师。另外 35 个师是拼凑起来的,兵员不足,装备不良。领袖承认情况确是如此,还对陆军的真实状况发了一通怨言。陆军如今毛病甚多。他对我们的军用飞机吹了一通。他有瓦莱(意大利航空事务部部长——笔者)给他的一些荒唐的乐观数字。我劝他通过司令官(按:此处译文有误。Civilian Prefects 应译作地方行政长官或省长——笔者)进行一番调查,清查飞机库里的飞机,然后求出飞机的总和。这不应该是无法办到的事。然而,我们至今尚未查明实际情况。"②墨索里尼对空军最为自豪,每当有人对意大利的空军力量有怀疑时,他都答以他的空军能够遮暗太阳。③ 实际上,意大利的空军数量常被墨索里尼任意夸大,向无精确的统计,由上述一则齐亚诺日记可以看出真相。

齐亚诺日记也有许多自我吹嘘和前后矛盾的地方。他本来是十分效忠于墨索里尼的,但到了 1943 年 7 月他看到墨索里尼大势已去,便参加了反墨集团,把墨索里尼赶下了台。墨索里尼被囚后,被希特勒派伞兵救出,随后组建了一个受德国保护的傀儡政权。齐亚诺被判死刑,临刑前他在 1943 年 12 月 23 日的日记中把战败的责任完全归咎于墨索里尼,写道:"几天内,虚伪的特别法庭将公布一份判决。这是墨索里尼在其狐群狗党影响下早已作出的判决。这些年来,这些家伙像瘟疫一样危害意大利的政治生活,并把我国引向深渊的边缘。"④可是,就在 1943 年 2 月 8

① [意]加莱阿佐·齐亚诺:《齐亚诺日记(1939—1943 年)》,商务印书馆 1983 年版,第 162 页。

② [意]加莱阿佐·齐亚诺:《齐亚诺日记(1939—1943 年)》,商务印书馆 1983 年版,第 193 页。

③ 普雷斯顿编:《总参谋部与第二次世界大战前的外交》(Adrian Preston (ed.) *General Staff and Diplomacy Before the Second World War*),伦敦 1978 年版,第 91 页。

④ [意]加莱阿佐·齐亚诺:《齐亚诺日记(1939—1943 年)》,商务印书馆 1983 年版,第 637 页。

日的日记中,齐亚诺还说:"我喜欢墨索里尼,非常喜欢他。最使我怀念的是我与他的接触。"①

4.《和平大使:阿贝农勋爵日记》

1925 年召开的洛迦诺会议,是 20 世纪前半期欧洲外交史上的一件大事。英国是促成《洛迦诺公约》缔结的重要国家,它的驻德大使有公约的"教父"之称。英国的目的何在? 阿贝农在他日记中有清楚的说明,而这些真正意图在正式的官方文件中是看不到的。

英国的一个目的是扶德抑法,防止法国称霸欧洲大陆。阿贝农在1923 年 8 月 20 日的日记中写道:"关于中欧的整个形势和英国应该采取什么政策的问题,最清楚的结论看来是:英国的根本利益在于防止德国的崩溃。只要德国是一个整体,欧洲就能或多或少保持均势。一旦德国分崩离析,这个均势必然消失;而法国则依靠它的军队和它的军事同盟,依然无可置疑地在军事上和政治上处于支配地位。1914 年对德国适用的许多论证,今天对法国也是适用的。的确,这还说的不够,因为那时三国同盟是由法俄同盟予以抗衡的;今天,法国和小协约国则没有受到任何抗衡……任何人如果认为,一个像拿破仑在《提尔西特和约》以后那样支配欧洲大陆的法国政府依然对英国友好,他就是对民族心理的一个可怜的判断者。……在这种情况下,要我们对法国友好同样是不可能的。在希望维持英法协约的同时,我不得不希望一个强大的德国的存在。"②

英国的另一个目的,是把魏玛德国拉入西方集团,防止德俄接近。1925 年 8 月 11 日的日记写道:"公约的第二个效果是将使德国解除被迫投入俄国怀抱的危险。在这个问题上我从来不是一个大惊小怪的人,我相信德国和俄国之间的政治差别,达到了苏俄与基本上是贵族的德国之间的紧密联盟几乎是不可想象的程度。然而,热那亚会议的情况可能重

---

① 〔意〕加莱阿佐·齐亚诺:《齐亚诺日记(1939—1943 年)》,商务印书馆 1983 年版,第633 页。

② 〔英〕阿贝农:《和平大使:阿贝农勋爵日记》(*An Ambassador of Peace:Lord D'Abernon's Diary*)(第 2 卷),伦敦 1929—1930 年版,第 238—239 页。

演,随之发生的是另一个更坏的《拉巴洛条约》。根据公约,德国被接纳为一个平等的成员,并作为一个英国和法国的伙伴维持西欧的现状。如此,德国被吸引到俄国共产主义势力范围的危险就明显减低了。"①

英国还有一种企图,就是凌驾于德、法之上。1925年8月11日的日记写道:"[公约]对英国的直接利益是不太明显的,但成为法、德之间的仲裁者的间接利益却使我们处于一种具有巨大潜力的地位。它使我们成为支配欧洲政治的因素。"②

阿贝农日记关于公约缔结前美、英、德三国金融巨头会晤情况的记载,十分重要。1925年7月16日:"英格兰银行总裁诺曼(Norman)、美国联邦储备银行总裁本甲明·斯特朗(Benjamin Strong),在柏林访问帝国银行总裁沙赫特博士(Dr. Schacht)。诺曼对我说:'这次访问的目的部分是建立一种未来合作的基础,但更重要的是给沙赫特以支持并提高他的威信。'""诺曼预见到德国的严重财政困难,除非政治气氛迅速明朗起来。他说不能坐失时机——危机在两个月或三个月内就要降临到我们身上。"③时任德国外交部长的斯特莱斯曼在1925年7月19日的日记中也有一段与上述阿贝农日记密切相关的记载。"在过去几周,在资本巨头斯特朗、蒙塔古·诺曼和沙赫特之间也举行了会谈。我看好像一种英—美—德资本托拉斯正在形成,自然是以安全公约为先决条件。我们迫切地需要这些亿万富翁。美国人在联邦储蓄银行存有180亿金马克这一事实,说明英国实际上和我们一样输掉了战争。"④在研究一些重要的外交条约时,注意其经济背景,十分必要。西方关于论述洛迦诺会议和《洛迦诺公约》的著作已有许多,但涉及会议前美、英、德三国金融巨头会谈的

---

① [英]阿贝农:《和平大使:阿贝农勋爵日记》(*An Ambassador of Peace:Lord D'Abernon's Diary*)(第3卷),伦敦1929—1930年版,第184页。

② [英]阿贝农:《和平大使:阿贝农勋爵日记》(*An Ambassador of Peace:Lord D'Abernon's Diary*)(第3卷),伦敦1929—1930年版,第184页。

③ [英]阿贝农:《和平大使:阿贝农勋爵日记》(*An Ambassador of Peace:Lord D'Abernon's Diary*)(第3卷),伦敦1929—1930年版,第176页。

④ 艾瑞克·萨顿编译:《古斯塔夫·斯特莱斯曼,他的日记、书信和文件》(Eric Sutton, edited and translated, *Gustav Stresemann, His Diaries, Letters and Papers*)(第2卷),伦敦1983年版,第142页。

则很少。应根据阿贝农日记和斯特莱斯曼日记提供的线索,进一步深入研究下去。

英国自认为公约的缔结是它外交上的一大胜利,但最大的受益国其实还是德国。德国不是以战败国的身份,而是以与英、法等战胜国平等的一员出席会议并签订公约的,这就大大提高了它的国际地位。会后,德国于1926年9月正式加入国联,并成为行政院常任理事国。英国要扶德抑法,德国正好借机拆散英法联盟。德国被扶起来了,但转弱为强后,在1940年6月打败了法国,英国如无一海之隔也难逃被德军占领的下场。

5. 尼科尔森:《日记与书信》

议员在西方有相当高的政治地位,其中一些人的日记含有重要的史料。哈罗德·尼科尔森(1886—1968年)早年服务于英国外交界,1935—1945年为国民工党议员。1940—1941年一度在丘吉尔战时内阁中任大臣。退出政界后,活跃于新闻与广播界。尼科尔森1930—1964年的日记原供自己阅读,后由其子选择其中的一部分并附以书信若干封编为三卷,于1966—1968年出版。尼科尔森勤于写作,一生出书40种,但最有名的还是他的日记。由于他有多方面的阅历,交游甚广,日记内容十分丰富,故出版后大受读者欢迎。尼科尔森临终前感慨地对他儿子说:他出版过40本书,"但只有其中他不曾意识到他写过的3本才被记得,他觉得这是颇为可悲的。"1980年,三卷本的《日记与书信》再压缩为一卷本出版。以下选择其中的5例,以供我们了解20世纪30年代英国政坛的情况。

(1)1938年5月18日日记。"恐赤症"是20世纪30年代英国统治阶级的流行病。这是他们纵容纳粹党的一个重要原因。尼科尔森在这一天的日记中写道:"在我回家的路上我停留在普拉茨俱乐部,在那里我碰到三个年青的贵族,他们说他们宁愿在伦敦看到希特勒,而不愿意看到一个社会主义政府。我迟迟入睡,深思不列颠帝国的灭亡。"①

---

① [英]哈罗德·尼科尔森:《日记和书信1930—1964年》,斯坦利·奥尔森缩编(Harold Nicolson, *Diaries and Letters* 1930—1964, edited and condensed by Stanley Olson),纽约1980年版,第126页。

(2)1938年6月6日日记:"我们已经丧失了我们的意志力,因为我们的意志力被分裂了。统治阶级的人们只想到他们自己的财富,这意味着对赤色分子的仇恨,这在我们自己和希特勒之间产生了一种十分不自然的但在当前却是最有效的秘密结合。我们的阶级利益在双方面前都超越了国家利益。我沮丧地就寝。"①

(3)1938年9月11日日记:"奥利弗·斯坦利(时任英国贸易大臣——笔者)的观点是有代表性的,我以为是内阁看法中较好的类型。看法中最坏的类型可能超出我的理解。这样,奥利弗在一方面同意这场冲突实际上与捷克斯洛伐克无关,而是法律原则和暴力原则之间的最后斗争;而且这场斗争中的两个主角是张伯伦和希特勒。他也同意:如果德国攻击捷克斯洛伐克,而且如果法国卷入的话,我们实际上是不可能置身事外的。然而他附带说的话却告诉我:他在内心深处是渴望脱身的。同时,任何涉及我国援助的话都使他吃惊,而且一度他深深地叹息说:'你看,无论我们打胜或打败,我们拥护的每一件事情都将毁灭。'他所说的'我们',显然是指资产阶级。"②

(4)1938年9月28日日记。在1938年9月底举行的慕尼黑会议上,张伯伦把绥靖政策推演到了极点。他企图以牺牲捷克斯洛伐克为代价,换取与纳粹德国的妥协。英国统治阶级中的多数人是支持这一政策的。9月28日,张伯伦分别写信给希特勒和墨索里尼,建议由英、法、德、意、捷五国举行会议,讨论苏台德割让事宜。同日,希特勒同意召开国际会议,向英、法、意三国发出邀请,但不让捷克斯洛伐克派代表参加。从尼科尔森9月28日的日记中,可以看出英国统治阶级上层人物在得知慕尼黑会议得以召开后是多么地大喜若狂,但不到一年后德国就发动了第二次世界大战,慕尼黑迷梦彻底破灭。

---

① [英]哈罗德·尼科尔森:《日记和书信 1930—1964 年》,斯坦利·奥尔森缩编(Harold Nicolson, *Diaries and Letters* 1930—1964, edited and condensed by Stanley Olson),纽约 1980 年版,第 127—128 页。

② [英]哈罗德·尼科尔森:《日记和书信 1930—1964 年》,斯坦利·奥尔森缩编(Harold Nicolson, *Diaries and Letters* 1930—1964, edited and condensed by Stanley Olson),纽约 1980 年版,第 132 页。

"首相已经讲了整整一个小时。我注意到：外交部的一份文件正在沿着政府的席位迅速传过来。约翰·西门爵士打断了首相，一瞬间肃静下来。他调整了一下他的夹鼻眼镜，然后读了递给他的文件。他的整个面部，他的整个身体，似乎改变了。他抬起脸来，以便天花板上的灯光照到他脸上。一切忧虑和疲倦的迹象似乎突然消除了；他看来年轻了十岁而且得意扬扬。'希特勒先生'，他说，'刚刚同意延缓他的动员 24 小时，并同意与我在慕尼黑会议上见面，一道还有墨索里尼先生和达拉第先生。'"

"我想，这是我曾经目睹的最有戏剧性的一刻。一瞬间，议会绝对地肃静无声。随之，整个议会突然爆发一阵欢呼的号叫，因为他们知道这会意味着和平。那是首相演说的结尾。当他坐下后，整个议会像一个人一样站起来向他的成就致敬。"哈罗德·尼科尔森后来附言："我依然坐着不动。在我后边的利达尔发出嘘声：'站起来，你这个畜生！'"①

（二）中下级官员的日记

有些中下级官员，因其所处的特殊位置和不同一般的人际关系，这类"小人物"的日记反倒能比"大人物"的日记透露出更多的消息。下文以赵烈文的《能静居日记》为例，予以说明。

赵烈文（1832—1893 年），字惠甫，号能静居士。他的官很小，只做到易州知州，但他是曾国藩十分信任的幕僚，很受曾的器重。同治八年（1869 年）曾国藩任直隶总督时，专折奏调他至保定，考语有"随臣营多年，素讲爱民之道，熟于史学，庶以儒术润泽吏治"云云。② 所记《能静居日记》，始于咸丰八年（1858 年），迄于光绪十五年（1889 年），历时 31 年，手写稿本 64 册，内容丰富。他迭参曾国藩、曾国荃兄弟戎幕，得知许多内

---

① ［英］哈罗德·尼科尔森：《日记和书信（1930—1964 年）》，斯坦利·奥尔森缩编（Harold Nicolson, *Diaries and Letters* 1930—1964, edited and condensed by Stanley Olson），纽约1980 年版，第 138 页。按：利达尔全名是 Sir Walter Liddall。
② 陈乃乾：《阳湖赵惠甫（烈文）先生年谱》，台北文海出版社 1983 年版，第 65 页。

幕,以下略举数例,以见其日记的史料价值。

日记中有关于清军攻占天京(今南京)后大肆掠夺的情况。同治三年六月十六日(1864年7月19日):"傍晚闻各军入城后,贪掠得,颇乱伍。余又见中军各勇留营者皆去搜括,甚至各棚厮役皆去,担负相属于道。"①又同治三年六月二十三日(1864年7月26日)记:"计破城后,精壮长毛除抗拒时被杀外,其余死者寥寥,大半为兵勇扛抬什物出城,或引各勇挖窖,得后即行纵放。……其老弱本地人民不能挑担,又无窖可挖者,尽遭杀死。沿街死尸十之九皆老者,其幼孩未满二、三岁者亦斫戳以为戏。……又萧孚泗在伪天王府取出金银不赀,即纵火烧屋以灭迹。伪忠酋系方山民人陶大兰缚送伊营内,伊即掠美,禀称派队擒获,中丞亦不深究。本地之民一文不赏亦可矣,萧又疑忠酋有存项在其家,派队将其家属全数缚至营中,邻里亦被牵曳,逼讯存款,至合村遗民空村窜匿,丧良昧理,一至于此,吾不知其死所。"②但曾国藩在致郭嵩焘的信中,却谎话连篇地说:"此次攻克逆巢,舍弟(指曾国荃)号令严明,将士人人用命,尽洗向来抢夺财物、子女之习,故能搜杀数日,无一漏网。"③

赵烈文同曾国藩的一些谈话,极具史料价值。同治六年六月二十日(1867年7月21日):"初鼓后,涤师(指曾国藩)来畅谈。言得京中来人所说云:都门气象甚恶,明火执仗之案时出,而市肆乞丐成群,甚至妇女亦裸身无衫,民穷财尽,恐有异变,奈何? 余云:'天下治安,一统久矣,势必驯至分剖。然主威素重,风气未开,若非抽心一烂,则土崩瓦解之局不成。以烈度之,异日之祸,必先根本颠仆,而后方舟无主,人自为政,殆不出五十年矣!'师蹙额良久,曰:'然则当南迁乎?'余云:'恐遂陆沉,未必能效

① 赵烈文:《能静居日记》(第2册),载《续修四库全书》史部·传记类,台北学生书局影印1964年版,第644页。
② 赵烈文:《能静居日记》(第2册),载《续修四库全书》史部·传记类,台北学生书局影印1964年版,第653—654页。
③ 《名贤书札·曾文正公手札》,转引自陈恭禄:《中国近代史资料概述》,中华书局1982年版,第151页。

晋、宋也。'"①"同治中兴"的第一功臣曾国藩对时局如此悲观,以致对他的亲信幕僚竟议论起清朝的危亡,可见"中兴"的真相如何了。而赵烈文所言不出五十年清朝将亡,可谓极有远见。果然,四十余年后,1911年辛亥革命爆发,次年清帝退位,中华民国成立。

又,同治八年五月二十八日(1869年7月7日),赵谒曾国藩久谈。曾(时任直隶总督)说:"两宫才地平常,见面无一要语;皇上冲默,亦无从测之。时局尽在军机恭邸、文、宝数人,权过人主。恭邸极聪明,而晃荡不能立足。文柏川(文祥)正派,而规模狭隘,亦不知求人自辅。宝佩蘅(宝鋆)则不满人口,朝中有特立之操者,尚推倭艮峰(倭仁),然才薄识短,余更碌碌,甚可忧耳。"②那拉氏和奕訢等,在官样文章中,都是以"圣君贤相"的面目出现的。但在曾国藩的心目中,却是个个庸劣,无一有治国之才,国家大政掌握在他们手中实在危险,故"甚可忧耳"。曾国藩对他们的看法是符合实际的,绝非苛求,但他只有在和自己最亲信的幕僚的"私房话"中,才能道出。《能静居日记》的重要史料价值于此又得一证。

赵烈文在光绪元年九月初二日(1875年9月30日)的日记中还揭露了淮军的腐败。"雇舟成,将旋保定。张子衡廉访招饮,话别。并识汤聘徵、邓宝臣两军门,谈及淮军驻津者皆令赴海滨屯田,兵勇虽来田间,而逸乐已久,不甘劳苦。又统领营官腌削日甚,食米旄械号衣之外,下至包头裹腿,均制办发给,而扣应食之饷,每人月不得一金,士心嗟怨,逃者纷纷,每哨仅十余人。将弁利其虚伍,以为干没。闻之可为寒心。自军务稍息,合肥公专务养尊处优,不为未然之计,而前后左右无一骨鲠之士,佞谀者进,朴勤者退。凡不急之务,如兴造土木,创建善堂,及宦幕游客,或赡家,或归榇,或引见,或刻书,均勒令营中赀助。甚者嬉游宴饮,挟妓娶妾,无不于焉取之。武人多获穹爵,其巧援者知头衔无益于事,而欲求补署,则非联络要津不可,故悉力以奉承上心。顾坐营无掠夺之利,办公薪水又仅

<hr />

① 赵烈文:《能静居日记》(第3册),载《续修四库全书》史部·传记类,台北学生书局影印1964年版,第397—398页。

② 赵烈文:《能静居日记》(第3册),载《续修四库全书》史部·传记类,台北学生书局影印1964年版,第730—731页。

足日用,不得不设法渔猎。将习巧宦而士心有离心。当此海疆多事,隐忧甫切,奈之何哉,奈之何哉!"①海疆多事,20 年后,赵烈文的隐忧在甲午战争中终于应验。淮军早已腐朽,战败是绝非偶然的。

甲午战争爆发后,淮军屡败。翁同龢等寄希望于湘军,但湘军亦早已腐败。《能静居日记》同治四年闰五月初七、初八(1865 年 6 月 29、30 日)记湘军刘松山贪污及士卒索饷事,大致云刘松山"初发皖南,给士卒至芜湖领饷。至芜湖,复云须至金陵。至金陵,领得五万,乃寄己家至八千金。自哨官以上皆有分,独兵勇无有。复云须过江发饷,且云江口不过三十里。士卒行至螺丝沟,不啻百余里。已拥大舟粮运中流而进,士卒终日不得食,故怒甚而哗。……又其平时各勇告假,以须偿欠,皆坚勒不许。至勇丁耐苦不得而自去,则此款领到后全归乾没。旧制,勇丁须五百人一营,今则三百人已为满数。故一充营官统领,无不立富。……而士卒恒半菽不饱,人心思乱,已非一日云云。"②《能静居日记》所述淮军、湘军的腐败情况为研究甲午战争中国失败的原因提供了重要史料。

二、文化人物的日记

(一)文人的日记

文人、学者的日记,除论文论学的内容外,也往往包括其他方面的内容,有些颇有史料价值。兹先举几种文人日记,予以说明。

---

① 赵烈文:《能静居日记》(第 4 册),载《续修四库全书》史部·传记类,台北学生书局影印 1964 年版,第 599—600 页。
② 赵烈文:《能静居日记》(第 34 册),载《续修四库全书》史部·传记类,台北学生书局影印 1964 年版,第 98—99 页。

1.《越缦堂日记》

李慈铭的《越缦堂日记》，今所见者，始于咸丰四年（1854 年），止于光绪二十年（1894 年），前后共 40 年，内容包罗甚广，"上自朝章，中至学问，下迄相骂"。① 李氏的日记不仅是写给自己看的，还常借给他人阅读。由于李氏日记带有公开的性质，所以要从中看出他内心的活动，是不可能的。从这个角度去衡量，鲁迅对李氏日记给以尖锐的批评。他说："《越缦堂日记》近来已极风行了，我看了却总觉得他每次要留给我一点很不舒服的东西。为什么呢？一是钞上谕。大概是受了何焯的故事的影响的，他提防有一天要蒙'御览'。二是许多墨涂。写了尚且涂去，该有许多不写的罢？三是早给人家看，钞，自以为一部著作了。我觉得从中看不见李慈铭的心，却时时看到一些做作，仿佛受了欺骗。"② 虽有上述的缺点，但因其内容丰富，还有其他方面的价值。

《越缦堂日记》中有许多李氏的读书札记。这方面的内容瑜瑕并见，后人评价高低不一。李慈铭基本上是一个文士，尤长于诗，读书范围虽广，但在经史小学方面都未做过专深、系统的研究。不过，在若干具体问题上，李慈铭也有独到的见解，这是不应当抹杀的。例如，他在同治五年五月十一日（1866 年 6 月 23 日）的日记中，敢于指出清修《明史》对李成梁及其子弟评价不高，是因为"成梁战功多与国初兴京事相连，又亲加害于二祖，史臣为本朝讳，故有不敢质言者。"李慈铭称赞说："李氏父子兄弟五人相代镇辽东，而成梁先后凡三十年，镇帅之久，古所罕比。"③ 同光时期的文网虽已远不如康雍乾时期的罗织诬陷，动辄大兴"文字狱"，但李慈铭的这番议论仍然是极其大胆的，没有很大勇气是不敢写的。

日记有关时事部分，有些很有价值，为后人留下了重要史料。例如，

① 鲁迅：《华盖集续编·马上日记》，载《鲁迅全集》（第 3 卷），人民出版社 2005 年版，第 326 页。

② 鲁迅：《三闲集·怎么写》，载《鲁迅全集》（第 4 卷），人民出版社 2005 年版，第 24 页。

③ 李慈铭：《越缦堂日记》（第 5 册），广陵书社 2004 年版，第 3597—3604 页。参见陈冬冬、杨越：《试论〈越缦堂日记〉考证、评论正史的成就》，载《乐山师范学院学报》第 24 卷第 2 期（2009 年 2 月）。

胡适指出："记光绪九年十一月六日阜康银号的倒闭，因叙主者胡光墉的历史，并记恭亲王奕訢及文煜等大臣的存款被亏倒，皆可补史传。"①李氏十一月初七日（1883 年 12 月 6 日）日记中有一大段谈胡光墉事，其中最有价值的部分是指出："其邸店遍于南北，阜康之号，杭州、上海、宁波皆有之，其出入皆千万计。都中富者，自王公以下争寄重赀为奇赢。前日之晡，忽天津电报言其南中有亏折，都人闻之，竞往取所寄者，一时无以应，夜半遂溃，劫攘一空。闻恭邸、文协揆等皆折阅百余万。亦有寒士得数百金托权子母为生命者，同归于尽。"②对胡光墉破产案，清廷责令浙江巡抚刘秉璋清查，其子刘体智所著《异辞录》追记此事，可与《越缦堂日记》互相印证。"光墉藉官款周转，开设阜康钱肆，其子店遍于南北，富名震乎内外，金以为陶朱、猗顿之流。官商寄顿赀财，动辄巨万，尤足壮其声势。……未久，光墉以破产闻。……文协揆存款三十五万，疏请捐出十万，报效公帑，其余求追，以胡庆余堂药肆之半予之。……其外，京朝外省追债之书，积之可以丈尺计。"③文协揆，即协办大学士刑部尚书文煜，素有富名。文煜被给事中邓承修参劾后，奏称存阜康号银为 36 万两，上谕"所奏尚无掩饰，唯为数较多，著责令捐银十万两……以充公用。"④王公大臣纷纷把钱存在阜康号，以谋取高利，可见清朝已腐败到了什么程度。

李氏日记中，还有涉及辛酉政变的情况。咸丰逝世后，那拉氏急欲垂帘听政。"咸丰十一年八月初四庚申，当国有议请母后垂帘者，属为检历代贤后临朝故事。余随举汉和熹（和帝后）、顺烈（顺帝后）、晋康献（康帝后）、辽睿知（景宗后）、懿仁（兴宗后）、宋章献（真宗后）、光献（仁宗后）、宣仁（英宗后）八后，略疏其事迹……其稿别存。"⑤据黄濬考，李慈铭检考太后临朝史例，乃受周祖培之嘱。周时任大学士，由恭亲王示意，与贾桢等上疏请会议皇太后面见臣工礼节，及一切办事章程。⑥

① 曹伯言整理：《胡适日记全编》（3），安徽教育出版社 2001 年版，第 740—741 页。
② 李慈铭：《越缦堂日记》（第 14 册），广陵书社 2004 年版，第 10100—10101 页。
③ 刘体智：《异辞录》，中华书局 1988 年版，第 85—87 页。
④ 徐一士：《一士类稿》，中华书局 2007 年版，第 261—262 页。
⑤ 李慈铭：《越缦堂日记》（第 3 册），广陵书社 2004 年版，第 1890 页。
⑥ 黄濬：《花随人圣庵摭忆》（下），中华书局 2008 年版，第 811—815 页。

《越缦堂日记》还保留有不少社会、经济史料,可供后之治史者参考。张德昌利用《越缦堂日记》,写了一本《清季一个京官的生活》,生动、具体地揭露了京官与外官的互相勾结以及京官的享乐生活。清朝京官俸禄微薄,而外官则除俸给外,有很多直接搜刮剥削百姓的办法和机会,但外官也必须把贪污所得的一部分用于"馈赠"京官,以"通声气""保位""求升擢"。以光绪元年至十四年(1875—1888 年)计,李慈铭的馈赠收入超过官职收入的,有 11 年;低于官职收入的,只有 3 年。光绪八年(1882 年),官职收入为 194.8 两,馈赠收入为 609 两,后者竟达前者的 3 倍多。① 有了外官的馈赠(节寿送礼以外,还有"别敬""炭敬""冰敬"等名目),京官就得以过着奢靡享受的生活。他们讲求居处、饮宴、服饰、车马,追逐声色,内蓄姬妾(李慈铭有三妾),外养歌童,在清朝大厦将倾的时候,仍然醉生梦死,过着花天酒地的生活。李慈铭有一天"良心"发现,在光绪三年十一月八日(1877 年 12 月 12 日)的日记记道:"得三妹前月二十八日书,惊闻仲弟之讣。……其殆以饥寒死耶! 余读书四十年,窃官铜臭,而令弟以馁死,其尚得为人类耶? 余虽穷,而计今年酒食声色之费,亦不下百金。通计出门七年以来,寄弟者不过十金耳!"②

张德昌根据《越缦堂日记》,还整理了"有关钱银比值变动的记述"(咸丰七年至光绪十三年)(1857—1887 年)、"有关物价的资料"(咸丰六年至光绪十五年)(1856—1889 年)、"有关工资的资料"(咸丰七年至光绪十四年)(1857—1888 年),都是很有价值的经济史料。

2. 罗曼·罗兰的《莫斯科日记》

有些文人的日记只集中于一段时间谈一个主题,内容虽不多,但后人要了解这段时间的这个问题,是必须参考的。《莫斯科日记》就是这一类的日记。

1935 年 6 月,法国著名作家罗曼·罗兰应高尔基之请访问苏联,6 月

---

① 张德昌:《清季一个京官的生活》,香港中文大学出版社 1970 年版,第 228 页。
② 李慈铭:《越缦堂日记》(第 11 册),广陵书社 2004 年版,第 7647—7648 页。

23 日到达,7 月 21 日离开莫斯科,返回瑞士,逗留了一个月。罗曼·罗兰把他这一个月的日记亲自打印,装订成册,题为《我和妻子的苏联之行:1935 年 6—7 月》。在原稿的标题页上,写有题词:"未经我的特别允许,在自 1935 年 10 月 1 日起的 50 年期限满期之前,不能发表这个本子——无论是全文,还是简录。我本人不发表这个本子,也不允许出版任何片段。"

罗曼·罗兰热情赞扬苏联社会的新气象,说:"我从这次旅行中得出的主要印象与感觉到无边高涨的生命力和青春活力的强大浪潮有关;高兴地意识到自己的力量,为成就而自豪,真诚地信任自己的事业和自己的政府——这是成千上万、甚至千百万苏联男女所体验到的情感。……不可能相信,这种齐心协力是由上面的某种指示指使的……在世界历史上,每一个新时代都是由这种时刻开始的。必需的只是最终的胜利。这将由未来决定。"①但罗曼·罗兰对苏联并非一味歌颂,他也看到了一些严重问题,并深为忧虑。例如,政府封锁国外的消息,造成人民对外国的误解。"可是,成果的获得(成果是有的,这一点对千百万人来说是没有疑问的)并非没有众所周知的和严重的损失。甚至高尔基也当着我的面对正在蜕化成虚荣心的自尊感的滥用表示可惜,仅仅意识到正当地完成了职责,已足以使工人们保持这种自尊感。此外,不仅他们个人的自尊或者工作自尊,而且苏联公民的自尊,都以歪曲真相的代价而得到强化。来自国外的消息本来能使苏联劳动者对他们国境之外的世界上的事态具有正确的概念,但这种消息却遭到系统的隐瞒和歪曲。我确信,他们倾向于低估,并且有时甚至过分低估其他民族的生命力。即使资本主义的政府和制度是他们的敌人,也不能低估它们的生存力。……青年不可能自由地将自己的智力成就和思想与他们的西方朋友的成就相比较。真担心有朝一日突然发生这样的事,就会产生动荡。"②罗曼·罗兰的话不幸而言中,几十年后苏联青年一旦了解西方真相,思想便"动荡"起来,由看不起西方一变

① [法]罗曼·罗兰:《莫斯科日记》,上海人民出版社 1995 年版,第 109—110 页。
② [法]罗曼·罗兰:《莫斯科日记》,上海人民出版社 1995 年版,第 112—113 页。

为盲目崇拜西方。

罗曼·罗兰指出的另一个严重问题，是苏联上层的特权和他们生活水平远远超过普通群众。他说："组成国家精华的精英人物不应该脱离国家，因为精英人物的真正作用就在于养活国家，与国家融为一体。精英人物不应该为自己攫取荣誉、福利和金钱的特权。……布尔什维克党的成员所获得的最高工资，少于有功劳的非党劳动者有望获得的最高工资。可是，不必被这种分配所迷惑，因为它很容易被绕过。共产党的活跃成员利用其他特权（住房、食物、交通工具等）代替金钱，这些特权确保他们能过上舒适生活并拥有特殊地位。……像高尔基这样善良和宽厚的人，也在吃饭时（虽然自己难得碰一下吃的东西）浪费够许多家庭吃的食物，不知不觉地过着封建领主的生活方式（而且并不因此感到任何享受——对他来说，最大的快乐是伏尔加河上的搬运工工作！）……了解下述这一点就已足够：宫廷中的上层达官显贵（即使应该得到这种恩赐）过着特权阶级的生活，但人民却仍然不得不为了谋取面包和空气（我想说的是住房）而进行艰苦的斗争。"①罗曼·罗兰在1935年7月16日的日记中还写道："我发现，在他（指高尔基）的家里，继续在滥用服务人员的时间，而且谁也没有注意到这一点。服务人员在所有客人都离去后才能上床睡觉，不早于夜里两点，而早晨7点就得起床。"②20世纪30年代，当苏联上层的特权现象刚刚出现时，罗曼·罗兰就敏锐地看出了问题，可谓远见卓识。以后这种现象越演越烈，到勃列日涅夫执政时，特权阶层已经形成。

3. 陈白尘的《牛棚日记》

"文化大革命"中，广大干部和知识分子受到迫害，陈白尘的《牛棚日记》留下了一份令人悲愤的记录。

1968年6月23日："下午文联各协会与生产队联合举行斗争大会，第一次被施以'喷气式'且挨敲打。每个人都汗流如雨，滴水成汪。冰心

① ［法］罗曼·罗兰：《莫斯科日记》，上海人民出版社1995年版，第115—117页。
② ［法］罗曼·罗兰：《莫斯科日记》，上海人民出版社1995年版，第86页。

年近 70,亦不免。文井撑持不住,要求跪下,以代'喷气式',虽被允,又拳足交加。"①

　　1970 年 7 月 23 日,陈白尘已在湖北咸宁干校。是日记有劳动情况:"晨 5 时起床,再赴打谷场上劳动,至 12 时休息。晚 7 时接班夜战,9 时许暴雨突来,转入抢场战斗,极为紧张。雨如倾盆,赤身应战,抢毕便战栗不已,几不可支,乃穿雨衣御寒。10 时后雨停,继续打谷至夜 3 时收工。估计路滑难行,至家需两个小时,而明晨 9 时半又得起床前来,便请求留在场上休息,不料又碰了一个大钉子! 我辈之人难道会搞破坏吗? 愤愤。不得已拖着如铅的双足归去,至宿舍果已超过 5 点了。此种劳动安排只能是折磨人!"②

　　1971 年 8 月 8 日:"侯金镜同志今晨突然逝世,令人悲痛难已! 昨日他随菜班来大田劳动,返连以后 S 还要他为菜地担水,连续挑水 10 担。夜 10 时,心脏病猝发,不及抢救,延至凌晨溘然长逝。S 这个'积极分子'是间接的杀人犯! 侯是有名的病号,即使不给照顾,也不能如此折磨人啊。……一个相当好的党的干部遭到如此下场,是一大悲剧!"③

(二)学者的日记——《朱自清日记》

　　《朱自清日记》始于 1924 年 7 月 28 日,迄于 1948 年 8 月 2 日,前后共二十余年。朱自清写日记,完全是供自己看的,内容真实可信。朱自清的夫人陈竹隐在朱逝世后的三十多年里一直把日记保存着,从未公开。1978 年党的十一届三中全会后,对五四文学及其作家们包括朱自清在内的研究受到重视,陈竹隐决定接受友人和人民文学出版社的建议,把日记发表。朱自清的儿子朱乔森在"编后记"说:"作者生前曾对夫人陈竹隐说过,他的日记是不准备发表的。正因为不准备发表,也就更直率地记录了他对许多人和事的看法,和更多地记录了他内心真实的感情活动,还记

　　① 陈白尘:《牛棚日记》,生活·读书·新知三联书店 1995 年版,第 98 页。
　　② 陈白尘:《牛棚日记》,生活·读书·新知三联书店 1995 年版,第 182 页。
　　③ 陈白尘:《牛棚日记》,生活·读书·新知三联书店 1995 年版,第 216 页。

载了一些纯属个人的生活琐事。"①"总之,正因为这部日记是不准备发表的,展示给我们的,就是作为一个普通人的作者在日常生活中对自己真实的写照。"②

《朱自清日记》生动地记录了他的日常生活。朱好美食。1933 年 2 月 12 日:"平伯以法国面包房奶油蛋糕见饷,美甚,余所未尝。"1934 年 3 月 25 日的日记,谈吃有名的谭家菜的感受:"谭宅菜味厚重。鱼肚炖鸡及大开乌、松子山鸡等均佳,白菽馅饺子尤特别有风味。"③朱好美食,但有胃病,故时常提醒自己不要贪吃。1939 年 6 月 11 日:"肠胃不适。想起了王大夫告诉我的一句谚语:参加盛宴的人是用牙凿掘自己的坟墓。"④从这则日记中,我们知道了王大夫的一个警句,真可谓给一切老饕敲响了警钟。

朱自清勤奋好学,又很谦虚,故能有很高的成就。日记中有多处记他的读书计划。1936 年 9 月 12 日:"我决定每周读一本中文书,每月读一本英文或日文书。"(书单略——笔者注)⑤1939 年 11 月 29 日:"读《文人》季刊,从中得到很多知识。学无止境!应多读点东西。"⑥朱还常常听其他学者的讲演。1940 年 12 月 29 日:"听李方桂先生讲课,谈学习方法、少数民族语言的问题。(以下摘记李的讲课内容——笔者注)"⑦1942 年 11 月 10 日:"参加汤教授(汤用彤)关于'隋唐佛教之特色'的演讲会……汤教授列举四点……演讲清晰,声调平稳,令人赞佩。"⑧

朱自清很谦虚。1943 年 2 月 4 日:"讨论我与浦、闻、钱等合译的一首诗之意义,他们都给我很好的解释,从未想到我理解英文诗的能力如此

---

① 朱自清:《朱自清全集》(第 9 卷),江苏教育出版社 1997 年版,第 569 页。
② 朱自清:《朱自清全集》(第 9 卷),江苏教育出版社 1997 年版,第 571 页。
③ 朱自清:《朱自清全集》(第 9 卷),江苏教育出版社 1997 年版,第 196、287 页。
④ 朱自清:《朱自清全集》(第 10 卷),江苏教育出版社 1997 年版,第 30 页。
⑤ 朱自清:《朱自清全集》(第 9 卷),江苏教育出版社 1997 年版,第 435—436 页。
⑥ 朱自清:《朱自清全集》(第 10 卷),江苏教育出版社 1997 年版,第 64 页。
⑦ 朱自清:《朱自清全集》(第 10 卷),江苏教育出版社 1997 年版,第 71 页。
⑧ 朱自清:《朱自清全集》(第 10 卷),江苏教育出版社 1997 年版,第 208 页。

可怜。"①朱自清对自己要求十分严格。1933 年 9 月 23 日:"上国文,讲错一句,惭愧之至! 惭愧之至!"②1934 年 7 月 27 日:"两个月来学无所成,颇感失望。"③

朱自清的日记中还保存了一些文艺方面的珍贵史料。例如,1935 年12 月 1 日,记北平市各书茶社演说评书人姓名、书目及地点,计白天 19人,灯晚 15 人。其中有连阔如说的《明英烈》,地点在天桥北赵锥子胡同连和轩。有关评书方面的这一史料,如果没有朱自清日记的记载,今天要找,是很困难的。④

抗日战争结束后,朱自清积极支持反对蒋介石统治的学生运动。1948 年 6 月,他签名于抗议美国扶植日本和拒绝领取"美援"面粉的宣言。6 月 18 日日记写道:"我在拒绝'美援'和'美援'面粉的宣言上签了名,这意味着每月使家中损失六百万法币,对全家生活影响颇大;但下午认真思索的结果,坚信我的签名之举是正确的。因为我们既然反对美国扶植日本的政策,就应采取直接的行动,就不应逃避个人的责任。"⑤

除经济困难外,朱自清当时的身体状况已极坏,6 月 11 日称体重,只有 38.8 公斤。这年 8 月 12 日,朱自清在贫病交加下逝世于北平。毛泽东说:"闻一多拍案而起,横眉怒对国民党的手枪,宁肯倒下去,不愿屈服。朱自清一身重病,宁可饿死,不领美国的'救济粮'……我们应当写闻一多颂,写朱自清颂,他们表现了我们民族的英雄气概。"⑥

(三)记者的日记——威廉·L.夏伊勒:《柏林日记—— 二战驻德记者见闻(1934—1941)》

有些记者,工作能力强,因职务关系,接触人物多、方面多,消息灵通,

---

① 朱自清:《朱自清全集》(第 10 卷),江苏教育出版社 1997 年版,第 224 页。
② 朱自清:《朱自清全集》(第 9 卷),江苏教育出版社 1997 年版,第 250 页。
③ 朱自清:《朱自清全集》(第 9 卷),江苏教育出版社 1997 年版,第 309 页。
④ 朱自清:《朱自清全集》(第 9 卷),江苏教育出版社 1997 年版,第 391—392 页。
⑤ 朱自清:《朱自清全集》(第 10 卷),江苏教育出版社 1997 年版,第 511 页。
⑥ 《毛泽东选集》(第 4 卷),人民出版社 1991 年版,第 1495—1496 页。

多知内幕,他们的日记也颇有史料价值,如夏伊勒的《柏林日记》。

夏伊勒是美国著名记者。1934 年,夏伊勒任《纽约先驱论坛报》驻欧洲记者。1935 年,他前往柏林,隶属于威廉·兰道夫·赫斯特的环球新闻服务社。赫斯特解散环球新闻服务社后,夏伊勒被爱德华·R.莫罗聘用,加入了哥伦比亚广播公司的无线电广播组。《柏林日记》的内容十分丰富,包括希特勒和纳粹党发动第二次世界大战的过程以及第二次世界大战初期的战争情况,写得具体、生动、真切,1941 年 7 月出版后大受欢迎,到 8 月已印了 35 万本。以下挑选两个问题,谈谈《柏林日记》的史料价值。

第一个问题是假战和法国的战败。

德国于 1939 年 9 月 1 日进攻波兰后,英、法虽然不得不对德宣战,但仍幻想与德国有讲和的可能,于是坐视波兰的危亡于不顾,并未乘机在西线发动进攻,是即历史上所谓的“假战”。1939 年 9 月 10 日日记:“在英法宣战一周后,普通德国人开始纳闷,这是否真的是场世界大战。他是这么看问题的。……它们(指英法——笔者注)与德国正式处于战争状态已有一周之久。但这是战争吗? 他们问道。的确,英国人派了 25 架飞机轰炸威廉港。但如果这真的是场战争,为何只派出 25 架飞机? 而且如果是场战争的话,为何只在莱茵区撒了几张传单就算完事? 德国工业的心脏地带就位于法国旁边的莱茵河沿岸地区。将波兰人炸得粉身碎骨的军火大部分来自那里。然而还没有一个莱茵区的工厂挨过一颗炸弹。这是战争吗?”①1939 年 10 月 10 日:“今天早晨在从卡尔斯鲁厄沿莱茵河去巴塞尔的路上,我们经过约 100 英里的法国边境。没有任何战争迹象,列车服务员告诉我,自从战争开始以来这条前线还从未开过一枪。当列车沿着莱茵河行驶时,我们可以看到法国碉堡,在许多席子的遮掩下,法国人正在建造堡垒。在德国这边也是同样的景象。部队似乎遵守着一项停火协议。他们相互在对方的视野和射程中毫不隐蔽地干着自己的事儿。实

---

① 〔美〕威廉·L.夏伊勒:《柏林日记——二战驻德记者见闻(1934—1941)》,新星出版社 2007 年版,第 159 页。

际上,一发法国75毫米炮弹就可以将我们的列车干掉。德国人在铁路上运输火炮和补给,但是法国人并不干扰他们。真是一场奇怪的战争。"①

1940年5月,德军在西线发动全面进攻,6月22日法德停战协定签字。拥有300万大军、号称欧洲头等陆军强国的法国,在6个星期内就被打败了。《柏林日记》对法军的没有认真进行战斗,有十分具体、生动的描述。

1940年6月27日:"但是从我在比利时和法国所看到的情况、与两国境内的德国人和法国人以及与沿路的法国、比利时和英国战俘交谈的内容来看,结论似乎是很清楚的,那就是法国没有战斗。即使法国进行了战斗,那能够证明这一点的根据也很少。不仅是我一个人,我的几个朋友也由德国边境沿着主要公路驱车到巴黎并且返回。我们都没有看到发生过激烈战斗的迹象。法国的田野没有遭到破坏。没有在一条绵延不断的战线上发生过战斗。德军是沿着公路发动进攻。甚至在公路上也没有迹象表明,法国人除了骚扰敌军以外,还采取过更大规模的军事行动。而这种骚扰性的行动也仅限于城镇和乡村。但是,仅仅是骚扰和迟滞行动而已,没有试图在一条战线上停下来,并且发动有组织的进攻。

"既然德国人选择在道路上进行这场战争,为什么法国人不阻止住他们?对于炮兵来说,道路是理想的目标。然而,我还没看到法国北部有一码道路毁于炮火。在驱车前往巴黎的途中,经过了德军发动第二次攻势的地区。一名错过了此次战役的最高统帅部军官不停地唠叨说,他不能理解这场战役,在那座控制这条道路的高地上,茂密的森林为炮兵提供了绝好的掩护,法国人一定知道可以在那里部署几门火炮。只要少量几门炮,就可以完全控制这条道路,他反复不停地说道。当他研究地形时,还差点叫我们停车。但是在那些林木茂密的高地上并无火炮,在道路上面及四周也没有发现弹坑。庞大的德军几乎是不发一弹便通过了此处。

法国人炸毁了许多桥梁。但是他们也保留了许多具有战略意义的桥

---

① [美]威廉·L.夏伊勒:《柏林日记——二战驻德记者见闻(1934—1941)》,新星出版社2007年版,第180页。

梁,特别是在缪斯河上。这条河因其河谷深峻、林木茂密而成为一条天然的、难以逾越的防线。不止一个法国士兵在与我交谈时认为,这里面有卑鄙的阴谋。

我在法国没有见到一处公路埋设了地雷,在比利时也只见过两三处埋了地雷,但仅此而已。法国人在城镇和乡村里匆忙地设置了反坦克障碍,往往是用石头和破烂堆积而成。但是,德国人几分钟便可以将其清除。而地雷爆炸造成的巨大弹坑,是无法在几分钟内便填平的。……许多法国战俘说道,他们从未看到过发生战斗。当一场战斗似乎迫在眉睫时,便传来了撤退的命令。也正是这种在战斗开始前或至少是战斗尚未决出胜负时不断下达的撤退命令,瓦解了比利时军队的抵抗。

我在贡比涅曾与之交谈过的一名德国军官说:'法国坦克在某些方面要优越于我们的坦克。它们拥有更厚重的装甲。有些时候(可能会持续几小时)法国坦克部队能够英勇地战斗。但不久,我们就会清楚地感觉到他们有些心不在焉。当我们了解到这一点并据此采取行动后,战斗很快便会结束。'一个月前,我会将此类言谈归之于纳粹宣传,但现在我相信了。

另外一个谜团是:当德军在莫伯日至色当一线突破法比边境后,他们声称德国几乎是不发一弹便顺利穿越了法国北部。当他们抵达大海时,布洛涅和加莱主要由英军防守。整个法国军队似乎是瘫痪了,无法采取最起码的行动,哪怕是最微小的反突击行动。

是的,德国人拥有空中优势。没错,英国不提供他们能够也应该提供的空中力量。然而甚至这些也无法解释法国的失败。从所见到的情况来看,空军在这场战争中的威力被人们夸大了。人们可以读到关于对道路上的盟军纵队的大规模空中攻击。但是你在道路上看不到什么证据,根本没有炸弹坑。当然,德国人的办法是先用机枪扫射道路上的部队,当他们都分散到路边时再投弹轰炸。这样便避免了破坏道路,可以供德军随后使用。但是此类迹象也很少。在道路两边或附近田野里,时不时会看到一个炸弹坑——但绝不足以摧毁一支军队。德国空军的致命攻击发生在敦刻尔克,英国人在那里顽强地阻击了德军达 10 天之久。

那么,从总体上看,虽然法国在个别地点勇敢甚至是顽强地进行了战斗,但当德国人首次突破后法军很快就瘫痪了。随后,几乎未经一战,法军便全面崩溃。首先,法国人像吸了毒一般失去了战斗意志,即使他们的领土遭到了最为痛恨的敌人入侵。其次,在最高统帅部和高级战地指挥官中间存在着阴谋或罪恶的玩忽职守。在大批部队中,共产党的宣传取得了胜利。他们的口号是:'决不战斗。'从来没有发生过这么多部队背叛祖国的行为。"①

1940年7月10日:"汉斯来看我。他刚从法国与西班牙边境的伊伦(Irun)开车到柏林。他说,他无法理解昨天在凡尔登看到的景象。那里的房子没有一所受损。在上次大战时则恰好相反,当时凡尔登没有一所房子完好无损,但它始终未曾沦陷。从这一点,你就可以看出1914—1918年与1940年的差别。"②

关于法军不战的原因,戴高乐亦有论述,可与《柏林日记》互相印证。戴高乐在《战争回忆录》中写道:"在我回到凡根堡的指挥部以前,我和总理在一起住了几天。……那几天使我充分看到政府窳败到了什么程度。在各党派、各报纸、各行政机构、各企业和各工会内,都有有势力的团体公开赞成停止战争的意见。消息方面灵通人士认为,这是贝当元帅的意见。他是我国驻马德里的大使,据说他从西班牙方面得知德国人极愿出面调停。到处都有人说:'如果雷诺倒台,赖伐尔将由贝当抬出来执政。这位元帅实际上可以使最高统帅部接受停战条约。'……必须指出,某些人认为与其说希特勒是敌人,不如说斯大林是敌人。他们更加关心的是如何打击俄国,是通过援助芬兰的办法呢,还是轰炸巴库,或者是从伊斯坦布尔登陆。至于如何对付德国则很少关心。"③

第二个问题是1940年8—10月的不列颠之战。在战争中,在统计战果时,总是夸大对方的损失而缩小己方的损失,这几乎已成为一种惯例。

---

① [美]威廉·L.夏伊勒:《柏林日记——二战驻德记者见闻(1934—1941)》,第327—331页。

② [美]威廉·L.夏伊勒:《柏林日记——二战驻德记者见闻(1934—1941)》,第341页。

③ [法]戴高乐:《战争回忆录》(第一卷),世界知识出版社1981年版,第28页。

《柏林日记》记录有德国方面的战报。1940 年 8 月 11 日:"今天在英国海岸发生了战争以来最大规模的空战。德国发布的英方损失数字一整夜都在不断增加。一开始,德国空军声称,英机被击落 73 架,德机损失 14 架;然后是 79 架比 14 架;最后到午夜时变成 89 架比 17 架。实际上,当我将下午和晚上德方零星公布的数字加在一起时,英机损失数高达 111 架。德国空军撒谎速度如此之快,以至于自己公布的前后数字都不相符。"① 1940 年 8 月 13 日:"今天是德国对英国发动大规模空袭的第三天。昨天德国空军公布的战果是 71 比 17。今晚的战果是 69 比 13。每天伦敦方面公布的英方战果统计数字几乎刚好是倒过来。我怀疑伦敦的数字要更真实一些。"②1940 年 8 月 18 日:"……更令我感兴趣的是在德文《布鲁塞尔日报》上刊登的最高统帅部公报。据它报道,在周五(指 8 月 16 日)的不列颠空战中,英国损失了 83 架飞机,德国损失 31 架。而我们那位真诚的梅塞施米特战斗机的小飞行员却告诉我们说,在周五几乎没有看到英国飞机,皇家空军也几乎没有进行抵抗。"③

当时任英国外交部常务次长的卡多根在他的日记中对英德空战双方损失的记载,则与德方的恰恰相反,是英方损失少而德方损失大。1940 年 8 月 12 日:"昨日(指 8 月 11 日)空战令人满意。打下(德机)62 架:(我方)损失 25 架。"④8 月 14 日:"昨天(指 8 月 13 日)的空中战斗令人惊奇。我们肯定击落 75 架(德机)……我方损失 13 架,但除 3 人外其他所有飞行员都得救!"⑤8 月 16 日:"今天战利总数(击落德机)161 架——对比(我方)损失 27 架(但许多飞行员得救)。"⑥在卡多根的日记中,关于英德空战有具体数字的记录,一直记到 1940 年 9 月 16 日,每次都是德

---

① [美]威廉·L.夏伊勒:《柏林日记——二战驻德记者见闻(1934—1941)》,第 354 页。
② [美]威廉·L.夏伊勒:《柏林日记——二战驻德记者见闻(1934—1941)》,第 354 页。
③ [美]威廉·L.夏伊勒:《柏林日记——二战驻德记者见闻(1934—1941)》,第 365 页。
④ 大卫·迪尔克斯编:《亚历山大·卡多根爵士的日记 1938—1945》(David Dilks(ed.) *The Diaries of Sir Alexander Cadogan 1938—1945*),纽约 1972 年版,第 320 页。
⑤ 大卫·迪尔克斯编:《亚历山大·卡多根爵士的日记 1938—1945》,纽约 1972 年版,第 321 页。
⑥ 大卫·迪尔克斯编:《亚历山大·卡多根爵士的日记 1938—1945》,纽约 1972 年版,第 321 页。

国损失大而英国损失小。

综上所述,日记确是一种有价值的史料。但使用日记时,还必须参照、对比其他各种史料,分析综合,方可得出比较正确的历史认识,这是无须赘言的。有些很有名的日记,其中也有糟粕,如李慈铭在他的日记中常常骂人,骂赵之谦最凶。胡适是讲究"容忍"的,认为"容忍比自由更重要",但在日记中有时也毫不容忍,甚至恶语伤人,如1933年12月30日日记:"今天听说,《大公报》已把'文学副刊'停办了。此是吴宓所主持⋯⋯此是'学衡'一班人的余孽,其实不成个东西。甚至于登载吴宓自己的烂诗,叫人作恶心!"①陈寅恪在《顺宗实录与续玄怪录》一文中说:"通论吾国史料,大抵私家纂述易流于诬妄,而官修之书,其病又在多所讳饰,考史事之本末者,苟能于官书及私著等量齐观,详辨而慎取之,则庶几得其真相,而无诬讳之失矣。"②使用日记这种私人史料时,要注意其诬妄之处,方不致为之所误。

(原载《首都师范大学学报》(社会科学版)
2011年第6期)

---

① 曹伯言整理:《胡适日记全编》(6),安徽教育出版社2010年版,第267页。
② 陈寅恪:《金明馆丛稿二编》,上海古籍出版社1980年版,第74页。

第 三 讲

谈私人信函的史料价值

　　本文所讨论者为私人信函,公牍除外。在私人信函中,写信人所谈自己的境遇、思想、心情等以及对人对事的看法,往往是在公开的文字中看不到的,故在相当程度能透露历史的真相。有关论学的内容,有些是在已发表的著作中没有谈到或谈得不充分的,也可作为公开著作的补充。治史者应尽可能扩大史料范围,以便全面深入地了解历史,私人信函是应当利用的一种史料。以下分政界、文化界两类人物的信函,各择数例以说明之。

一、政治人物的私人信函

(一)曾国藩关于淮军会剿金陵事致弟曾国荃书

　　湘军和淮军是清廷赖以绞杀太平天国和捻军的两支主要部队。淮军主帅李鸿章原系曾国藩的部下,自领一军后势力日大,湘、淮两军的矛盾于是产生。曾国荃自同治元年四月(1862 年 5 月)围天京(今南京)后,久攻不克。清廷连下上谕,催李助剿。曾国藩表面上欢迎淮军助剿,实则不欲他人分功。他在致其弟曾国荃的几封信中反复衡量淮军会剿的利弊,反映了这一宦场老手是多么地工于心计。

同治三年四月二十日(1864 年 5 月 25 日)曾国藩致曾国荃书:"金陵之克,亦本朝之大勋,千古之大名,全凭天意主张,岂尽关乎人力?天于大名,吝之惜之,千磨百折,艰难拂乱而后予之。老氏所谓'不敢为天下先'者,即不敢居第一等大名之意。弟前岁初进金陵,余屡信多危悚儆戒之辞,亦深知大名之不可强求。今少荃二年以来屡立奇功,肃清全苏,吾兄弟名望虽减,尚不致身败名裂,便是家门之福。老师虽久而朝廷无贬词,大局无他变,即是吾兄弟之幸。只可畏天知命,不可怨天尤人。所以养身却病在此,所以持盈保泰亦在此。"①

同治三年四月廿日夜(1864 年 5 月 25 日)曾国藩致曾国荃书:"沅弟左右:廿夜接十七夜来信,不忍卒读,心血亏损,如此愈持久,则病愈久愈深。……余意欲奏请李少荃来金陵会剿,而可者两端,不可者两端。可者,一则渠处炸炮最多而熟,可望速克;一则渠占一半汛地,弟省一半心血。不可者,少荃近日气焰颇大,恐言语意态以无礼加之于弟,愈增肝气,一也;淮勇骚扰骄傲,平日恐欺侮湘勇,克城时恐抢夺不堪,二也。有此二者,故余不愿请来与弟共事。然弟心肝两处之病已深,能早息肩一日,乃可早痊一日,非得一强有力之人前来相助,则此后军事恐有变症,病情亦虑变症也。特此飞商,弟愿请少荃来共事否?……弟若情愿一人苦撑苦支,不愿外人来搅乱局面,则飞速复函。余不得弟复信,断不轻奏先报。"②

同治三年五月十六日(1864 年 6 月 19 日)函:"夜来又细思,少荃会

---

① 《曾国藩全集》(家书二),岳麓书社 1995 年版,第 1113—1114 页。

② 按:此函转引自黄濬:《花随人圣庵摭忆》(中),中华书局 2008 年版,第 493—494 页。黄濬说:"叔章近购得曾文正与其弟忠襄家书三通,盖同治三年夏间所作,以行世本校之,有一通未辑入,余二通皆经删改。"所谓未辑入者,即指此函。曾国藩的《家书》不仅是供家人看的,而且是准备传世公之于众的。清末曾任两广总督的袁树勋(海观)曾说:"昔岁从文正金陵督署,常见其家书底稿躬自删改发抄,已有必传之意。"(同上书,第 496 页)由于以后要公开,曾国藩便把他认为不宜别人知道的内容做了删改。可能因此函的内容谈得太露骨,故曾氏将其删掉。

剿金陵,好处甚多,其不好处不过分占美名而已。后之论者,曰:润克鄂省,迪克九江,沅克安庆,少荃克苏州,季高克杭州,金陵一城沅与荃各克其半而已,此亦非甚坏之名也。何必全克而后为美名哉？人又何必占天下之第一美名哉？……少荃将到之时,余亦必赶到金陵会剿,一看热闹也。"①

同治三年五月十七日(1864 年 6 月 20 日)函:"今日命纪泽赴金陵省视老弟。余于六月初间亦必往,兄弟畅叙。届时少荃若到,余即在彼,不遽回皖。如少荃不到,余即坐轮船速归。总之,弟以保身为主。无论少荃与余会剿与否,于弟威名微减,而弟之才德品望毫无损也。"②

李鸿章当然了解曾氏兄弟的心理,一再表白绝不染指。他在同治三年四月二十四日(1864 年 5 月 29 日)上曾国藩书中说:"前廷旨有令敝军会攻之说。鄙意苦战日久,宜略休息,且沅丈劳苦累年,经营此战,一篑未竟,不但洋将、常胜军不可分彼功利,即苏军亦需缓议。是以常州奏捷后,不敢轻言越俎。"③

以上数函透露了湘、淮两集团在镇压农民起义的过程中钩心斗角、争权夺利的内情,颇具史料价值。

(二)郭嵩焘论洋务书

郭嵩焘,字筠仙,是清朝洋务派中最有见识的一人。顽固守旧派对他百般诋毁,斥之为"汉奸"。光绪元年八月八日(1875 年 9 月 7 日),清廷下诏命郭充任使英大臣。兹择郭使英前后书札数通,以见其洋务见解及遭顽固派围攻的情况。

郭嵩焘于光绪二年十月十八日(1876 年 12 月 3 日)自上海启程赴英履任。行前曾致两江总督沈葆桢二函。光绪二年正月初十(1876 年 2 月 4 日)一函云:"京师士大夫务为虚骄,横生议论,不一考求事理,视前二十

---

① 《曾国藩全集》(家书二),岳麓书社 1995 年版,第 1124 页。
② 《曾国藩全集》(家书二),岳麓书社 1995 年版,第 1125 页。
③ 《李鸿章全集》第 29 册《信函一》,安徽教育出版社 2008 年版,第 310 页。

年之见解无以易也。"又云:"彼土人才,实胜中国,为能养之而使尽其学,用之而使尽其职也。"①同年十月初五(1876 年 11 月 20 日)即将出发前,又致沈一函,内云:"嵩焘乃以老病之身,奔走七万里,自京师士大夫,下及乡里父老,相与痛诋之,更不复以人数。英使且以谢过为辞,陵逼百端。衰年颠沛,乃至此极,公将何以教之?"②

郭嵩焘抵伦敦后,于光绪三年二月杪(1877 年 3 月)致李鸿章一长函,盛赞英国政教风俗,并痛斥中国士大夫吸食鸦片,甘心陷溺,恬不为悔。郭氏力陈铁路、电报之利,应急图内治以安富强之基。"此间政教风俗,气象日新。推求其立国本末,其始君民争政,交相屠戮,大乱数十百年,至若尔日而后定,初非有至德善教累积之久也。百余年来,其官民相与讲求国政,白其君行之,蒸蒸日臻于上理。至今君主以贤明称。人心风俗,进而益善。……"

"窃谓中国人心有万不可解者。西洋为害之烈,莫甚于鸦片烟。英国士绅亦自耻其以害人者为构衅中国之具也,力谋所以禁绝之。中国士大夫甘心陷溺,恬不为悔。数十年国家之耻,耗竭财力,毒害生民,无一人引为疚心。钟表玩具,家皆有之;呢绒洋布之属,遍及穷荒僻壤。江浙风俗,至于舍国家钱币而专行使洋钱,且昂其价,漠然无知其非者。一闻修铁路、电报,痛心疾首,群起阻难,至有以见洋人机器为公愤者。曾劼刚以家讳,乘坐南京小轮船至长沙,官绅起而大哗,数年不息。是甘心承人之害以使朘吾之脂膏,而挟全力自塞其利源。蒙不知其何心也!……"

"窃以为方今治国之要,其应行者多端,而莫切于急图内治,以立富强之基。如此二者(指铁路、电报——笔者注),可以立国千年而不敝。其为利之远且大者不具论也,其浅而易见者有二利:中国幅员逾万里,邮传远者数十日乃达,声气常苦隔绝。二者行万里犹庭户也,骤有水旱盗贼,朝发夕闻,则无虑有奸民窃发称乱者,此一利也。中国官民之势,悬隔太甚,又益相与掩蔽朝廷耳目,以便其私,是以民气常郁结不得上达。二

① 黄濬:《花随人圣庵摭忆》(上),中华书局 2008 年版,第 246—247 页。
② 黄濬:《花随人圣庵摭忆》(上),中华书局 2008 年版,第 247 页。

者行,官民皆得自效,以供国家之用,即群怀踊跃之心,而道路行径,如人身血脉自然流通,政治美恶无能自掩,则无虑有贪吏遏抑民气为奸利者,此又一利也。"

"论者徒谓洋人机器所至,有害地方风水。其说大谬。修造铁路、电报,必于驿道,皆平地面为之,无所凿毁。……"

"往与宝相(即宝鋆——笔者注)论今时洋务,中堂(即李鸿章——笔者注)能见其大,丁禹生(即丁日昌——笔者注)能致其精,沈幼丹(即沈葆桢——笔者注)能尽其实,其余在位诸公,竟无知者。宝相笑谓嵩焘既精且大。嵩焘答言:岂惟不敢望精且大,生平学问皆在虚处,无致实之功,其距幼丹尚远。虽然,考古证今,知其大要,由汉、唐推之三代经国怀远之略,与今日所以异同损益之宜,独有以知其深。窃以为南宋以来,此义绝于天下者七百余年,此则区区所独自信而无敢多让者也。"①

光绪三年九月初五(1877 年 10 月 11 日),郭嵩焘自伦敦寄朱克敬(香荪)一函,亦论及洋务。"往常论近日考求洋务三人。合肥伯相(李鸿章)能见其大,沈尚书(沈葆桢)能得其实,丁中丞(丁日昌)能致其精。吾于合肥及幼丹、禹生诸君无能为役。精神才力,穷极推求,亦万不能逮。独所及见透顶第一义,则亦有诸公所未及者。……自谓考诸三王而不谬,俟诸百世圣人而不惑,于悠悠之毁誉何有哉! 然其所以犯骂讥笑侮而不悔者,求有益国家也,非无端自取其声名而毁灭之以为快也。"②

统观以上数函,有可注意者三事。其一,郭嵩焘在信中称赞英国"人才实胜中国","政教风俗,气象日新"。他不仅在私人信件中这样说,而且在《使西纪程》中公开写出类似看法。这是顽固守旧的士大夫所最不能容忍的。他们认为西方国家除"船坚炮利"一点外,其他方面都远不如中国,终究是没有教化的"夷狄之邦"。其二,顽固派昏庸到连轮船、火车、电报都不能容忍的地步,胡说什么机器有害地方风水。来自顽固派的阻力很大,可于李鸿章光绪三年六月初一夜(1877 年 7 月 11 日)复郭嵩

---

① 《郭嵩焘诗文集》,岳麓书社 1984 年版,第 188—195 页。
② 参见《中和月刊》第一卷第 12 期,新民印书馆 1930 年版,第 68—69 页。

衷的信中看出。信中说:"自同治十三年海防议起,鸿章即沥陈煤铁矿必须开挖,电线、铁路必应仿设,各海口必应添洋学、格致书馆,以造就人才。其时文相(文祥)目笑存之,廷臣会议皆不置可否,王孝凤、于莲舫独痛诋之。曾记是年冬底赴京叩谒梓宫,谒晤恭邸,极陈铁路利益,请先试造清江至京,以便南北转输。邸意亦以为然,谓无人敢主持。复请其乘间为两宫言之,渠谓两宫亦不能定此大计,从此遂绝口不谈矣。"①其三,郭氏认为举朝通洋务者不过三人:李鸿章、沈葆桢和丁日昌。李见其大,沈得其实,丁致其精。他虽自谦不如以上三人,但又自信地说自己独知其深,所见透顶第一义则是他们所不及的。这并非狂妄自大之词,因为他能认识到西洋国家政治教化修明,自有其立国之本。这不仅是顽固派所绝对不承认的,即使是其他洋务派人士也只认可西学可以为用,而中国的封建制度和文明这个"体"则是不可动摇的根本。

(三)樊增祥致张之洞密札

樊增祥致张之洞密札,作于光绪十六年九月十三日(1890年10月26日),樊即将出京以知县赴陕之时。张之洞时任湖广总督。樊在密札中详述他在津通过张佩纶(已为李鸿章婿)疏通李鸿章与张之洞之间关系的情节,以邀宠于张。这一部分内容,今天看来史料价值不大。但密札还谈到了京师官场中贿赂公行和纵情观剧的腐败情况,可供后之治史者参考,不失为光绪朝之良史料也。兹节录有关内容如下:

"受业樊增祥谨禀,夫子大人钧座:敬禀者……都门近事,江河日下,枢府唯以观剧为乐,酒醴笙簧,月必数数相会。南城士大夫,借一题目,即音尊召客,自枢王以下,相率赴饮,长夜将半,则于筵次入朝。贿赂公行,不知纪极,投金暮夜,亦有等差。近有一人引见来京,馈大圣六百(大圣见面不道谢),相王半之(道谢不见面),汶长二百(见面道谢),北池一百(见面再三道谢),其腰系战裙者,则了不过问矣,时人以为得法。然近来

---

① 《李鸿章全集》第32册《信函四》,安徽教育出版社2008年版,第75页。

政府仍推相王为政,大圣则左右赞襄之,其余唯诺而已。高阳与北池缔姻,居然演剧三日,习俗移人,贤者不免,仍今信之。(祥与比邻,不堪其扰。)"①

　　密札中"大圣"指孙毓汶;"相王"指礼亲王世铎;"汶长"指许庚身;"北池"指张之万;"腰系战裙者",指额勒和布,时均为军机大臣。孙、许甚得那拉氏信任,孙尤掌权,故行贿者馈金数目,以孙为最多,世铎次之,庚身又次之,之万为殿。额勒和布,廉洁自守,故行贿者未登门。

　　此札还道出清朝枢府唯以观剧为乐,置政务于不顾的腐败情况。当时正皮黄、秦腔全盛之时,那拉氏尤嗜皮黄,上行下效。李鸿藻(即札中所称之高阳)号称清流领袖,因与张之万缔姻,亦演剧三日。清末王公大臣酷嗜京剧,有人且能登台一试身手。如军咨府大臣(约相当于参谋总长)贝勒载涛曾从京剧名家学演《贵妃醉酒》的杨玉环、《芦花荡》的张飞和《安天会》的孙悟空,一身兼习花旦、花脸和武生三种角色。入民国后,名武生李万春的《安天会》一戏,系由载涛所授,可见载涛当年在京剧上下了多大功夫。如是,他又如何能有时间专心履行他的军事职责呢?②

　　仅从贿赂公行和日以观剧为乐、纵情为长夜之饮两个方面,亦可见清朝之必亡无疑。

(四)张伯伦的书信

　　英国首相尼维尔·张伯伦(1937年5月至1940年5月在任)写给他妹妹的大量家信,内容多涉政治问题,是研究张伯伦其人,特别是20世纪30年代英国外交政策必须参考的史料。

　　张伯伦出任首相后,亲自掌握外交政策,要做"自己的外交大臣"。他极力推行绥靖政策,直至二战爆发这一政策破产,仍然执迷不悟。下面略举五则,予以说明。

---

　　①　黄濬:《花随人圣庵摭忆》(中),中华书局2008年版,第383—389页。
　　②　参见张伯驹:《红毹纪梦诗注》,辽宁出版社1998年版,第253、245页。

1. 1937 年 8 月 8 日致其妹艾达信

张伯伦绥靖政策的对象不仅是德国,还有意大利。他企图以承认意大利吞并埃塞俄比亚为代价,使英、意关系恢复到 1935 年意埃战争以前的状态。1937 年 7、8 月,他与墨索里尼互相交换信件,准备举行英意谈判。张伯伦对于即将开始的英意谈判充满自信,以致狂妄到以欧洲救世主自居的程度。1937 年 8 月 8 日,他在给他妹妹的信中写道:"当我回顾自我第一次见到格兰迪(意大利驻英大使——笔者注)以来欧洲紧张局势出现的那种令人惊异的缓和,感到十分满意。格兰迪自己也说,这种缓和百分之九十应归功于我,它使人产生了一种首相职位所赋予的妙不可言的力量感。作为财政大臣,我简直连一小块石头也挪动不了,但现在我只要抬一抬手指,整个欧洲的面貌就改变了。"①但张伯伦十分盼望的英意谈判,却因意大利于 8 月中旬在地中海发动的潜艇战而流产了。② 从张伯伦的这封信,可看出他的极端的狂妄自大和他对于推行绥靖政策的盲目自信。

2. 1937 年 11 月 26 日致其妹艾达信

张伯伦相信,把中欧和东南欧让给德国,必要时再在非洲划给德国一些殖民地,就能平息它的不满,实现英、德和解。1937 年 11 月 26 日他在信中写道:"我不明白为什么我们不该对德国说,'请给我们以满意的保证,表明你们不会用武力对待奥地利人和捷克斯洛伐克人,我们也愿意给你们同样的保证,表明我们不会用武力阻止你们所需要的变更,只要你们

---

① 罗伯特·塞尔夫编:《尼维尔·张伯伦日记书信》(Robert Self (ed.), *The Neville Chamberlain Diary Letters*)(第四卷),艾德尔绍特 2005 年版,第 265 页。

② 1936 年 7 月西班牙内战爆发后,意大利墨索里尼政府立即给佛朗哥叛军以援助。1937 年 8 月中旬至 9 月初,意大利的潜水艇不断袭击开往西班牙共和国港口的商船,受到攻击的不仅有共和国政府的船只,还有苏联、英国、法国等国船只。9 月 2 日英国一艘油船被鱼雷击沉。

以和平手段取得这些变更'。"①

这封信说明,张伯伦早已决定牺牲奥地利和捷克斯洛伐克,以换取与德国的妥协。他之所以强调"和平手段",主要是为了避免刺激国内群众,减轻推行绥靖政策的阻力。

3. 1939 年 3 月 26 日致其妹艾达信

1939 年 3 月,纳粹德国吞并了捷克斯洛伐克,英国统治阶级内部有人主张结成英法苏联盟,共同对抗德国,但张伯伦坚决反对联苏。他在 3 月 26 日的信中写道:"我必须承认对俄国极度的不信任。我不相信它有任何能力去维持有效的攻势,即使它想这样做。而且,我怀疑它的动机,在我看来,这些动机同我们的自由观念几乎没有任何联系,并且只想搞得人人不和。"②张伯伦错过了联苏的机会,以致 1939 年 8 月 23 日苏联与德国签订了互不侵犯条约。

4. 1939 年 7 月 23 日致其妹艾达信

张伯伦政府重整军备的进度很慢,而且措施不力,这是因为它采取的是消极防御的战略。他在 1939 年 7 月 23 日的信中说:"你不需要足以赢得一场击溃敌人的胜利的进攻力量。你所需要的是强大到足以使另一方不可能获胜的防御力量,除非对方要付出使这种胜利成为不可能的代价。"③这种被动挨打的消极防御战略使英国在第二次世界大战开始后处于十分不利的地位。大战爆发初期统帅英国第三师的蒙哥马利在回忆录中说:"在战争爆发前的数年里,英格兰没有举行过大规模的军事演习……我们派陆军参加最现代化的战争,而配备的却是极不适当的武器和装备,这不能不说

---

① 罗伯特·塞尔夫编:《尼维尔·张伯伦日记书信》(第四卷),艾德尔绍特 2005 年版,第 287 页。

② 罗伯特·塞尔夫编:《尼维尔·张伯伦日记书信》(第四卷),艾德尔绍特 2005 年版,第 396 页。

③ 罗伯特·塞尔夫编:《尼维尔·张伯伦日记书信》(第四卷),艾德尔绍特 2005 年版,第 431 页。

是我们的耻辱。"①

5. 1940 年 10 月 28 日致约瑟夫·鲍尔②信

张伯伦逝世(1940 年 11 月 9 日)前数日,在一封信中写道:"就我个人的声誉来说,我一点也不为之不安。我仍然以这样大量收到的信件,是如此一致地强调同一论点,即没有慕尼黑,战争会输掉,帝国在 1938 年会被摧毁。……我不认为相反的观点……有存在的可能。纵使对过去两年的真实内情没有什么进一步公布,我也不应怕历史家的判定。"③张伯伦临终前数日仍然固执地认为绥靖政策是正确的,甚至大言不惭地说这一政策挽救了英国,真可谓至死仍执迷不悟。

二、文化人物的私人信函

（一）司马迁《报任安书》

司马迁以十分悲愤的心情写下的这封《报任安书》④有很高的史料价值。通过这封信,我们得以知道汉武帝的专制淫威、汉代法律的残酷,更可了解司马迁受到腐刑的奇耻大辱后,隐忍苟活的原因。

天汉二年(前99年),汉武帝命令宠姬李夫人的哥哥、贰师将军李广利率军出击匈奴。李陵请自领步兵五千出征,后因寡不敌众,兵败投降。司马迁乘间向武帝进言,谓李陵功可抵罪。武帝大怒,认为司马迁替李陵

---

① ［英］伯纳德·劳·蒙哥马利:《蒙哥马利元帅回忆录》,上海译文出版社 1982 年版,第 34—35 页。
② 约瑟夫·鲍尔(Joseph H.Ball,1905—1993),美国参议员。
③ 罗伯特·塞尔夫编:《尼维尔·张伯伦日记书信》(第四卷),艾德尔绍特 2005 年版,第 48 页。
④ 班固:《汉书·司马迁传》,中华书局 1962 年版,第 2725—2736 页。

游说,意在打击贰师将军,遂下迁于廷尉。给司马迁定的罪名是"诬上",为死罪。按汉律,犯死罪的人,可纳钱赎罪;无钱则受腐刑可以免死。司马迁"家贫,财赂不足以自赎,交游莫救,左右亲近不为一言",终受腐刑。他受到这种奇耻大辱,也曾想到死的问题。"仆虽怯耎,欲苟活,亦颇识去就之分矣,何至自湛溺累绁之辱哉!……所以隐忍苟活,函粪土之中而不辞者,恨私心有所不尽,鄙没世而文采不表于后也。"他想起"西伯拘而演《周易》;仲尼厄而作《春秋》;屈原放逐,乃赋《离骚》;左丘失明,厥有《国语》;孙子膑脚,《兵法》修列;不韦迁蜀,世传《吕览》;韩非囚秦,《说难》《孤愤》。《诗》三百篇大抵贤圣发愤之所为作也。此人皆意有所郁结,不得通其道,故述往事,思来者。"司马迁受腐刑是在天汉三年(前98年),当时他著作"草创未就",故"就极刑而无愠色"。《报任安书》写于太始四年(前93年),这时司马迁已升为中书令,名义虽比太史令为高,但不过是"闺阁之臣",与宦者无异。他对这一升迁丝毫不以为荣,而每一念及受腐刑的耻辱,则"汗未尝不发背沾衣","肠一日而九回,居则忽忽若有所亡,出则不知所如往"。他生命的唯一寄托就在于继续完成他的著作,"藏之名山,传之其人通邑大都"。他对自己的著作有很高的要求:"究天人之际,通古今之变,成一家之言。"《史记》是一部流传千载的伟大历史著作,司马迁这种虽受极大摧残、侮辱而仍坚定不移地去完成自己理想事业的精神,也永远激励着后世那些遭受不公正政治迫害的人们去效法。

(二)嵇康《与山巨源绝交书》

嵇康(223—262年),魏末名士,"竹林七贤"之一。嵇康处于魏晋易代、统治阶级内部争夺政权十分激烈之际。嵇康娶魏武帝曾孙女,与曹氏有连,反对司马氏篡魏。山涛(巨源)亦为"竹林七贤"之一,与嵇康为友。山涛为司马懿妻张氏之中表亲,司马氏擅政后,依附司马氏。山涛曾任选曹郎,后将去职,拟举康自代。康坚拒,于魏元帝景元三年(262年)写了这封《与山巨源绝交书》。《绝交书》反映了魏晋之际在思想上的斗争(自然与名教)和政治上的斗争(曹氏与司马氏),是有价值的史料。

稽康在信中标榜老庄,轻蔑名教,举出自己不能出仕的种种理由。他说:"老子、庄周,吾之师也","少加孤露,母兄见骄,不涉经学……又纵逸来久,情意傲散。简与礼相背,懒与慢相成……又读庄、老,重增其放,故使荣进之心日颓,任实之情转笃。""又人伦有礼,朝廷有法,自惟至熟,有必不堪者七,甚不可者二。……又每非汤、武而薄周、孔,在人间不止,此事会显,世教所不容,此其不可一也。刚肠疾恶,轻肆直言,遇事便发,此甚不可二也。"因此,他表示:"今但愿守陋巷,教养子孙,时与亲旧叙阔,陈说平生,浊酒一杯,弹琴一曲,志愿毕矣。"他要求山涛不可强迫他出仕,否则"必发其狂疾"。①

司马昭尝欲辟康,后见康与山涛绝交书,表示决不出仕,即不为司马氏所用之意,大怒。因《绝交书》中有"非汤、武而薄周、孔"的狂言,又找一其他借口,遂坐康以不孝违反名教之大罪杀之。陈寅恪在《陶渊明之思想与清谈之关系》一文中说:"当魏末西晋时代即清谈之前期,其清谈乃当日政治上之实际问题,与其时士大夫之出处进退至有关系,盖藉此以表示本人态度及辩护自身立场者,非若东晋一朝即清谈后期,清谈只为口中或纸上之玄言,已失去政治上之实际性质,仅作名士身份之装饰品者也。"崇尚名教的一派是拥护司马氏的;标榜老庄之学、以自然为宗的一派是眷怀魏室的。稽康反名教而主自然,即表示不与司马氏合作,故遇害。② 鲁迅在《魏晋风度及文章与药及酒之关系》一文中,在谈到稽康被杀一事时说:"魏晋时代,崇奉礼教的看来似乎很不错,而实在是毁坏礼教,不信礼教的。表面上毁坏礼教者,实则倒是承认礼教,太相信礼教。因为魏晋时所谓崇奉礼教,是用以自利,那崇奉也不过偶然崇奉,如曹操杀孔融,司马懿(按应为司马昭)杀稽康,都是因为他们和不孝有关,但实在曹操、司马懿何尝是著名的孝子,不过将这个名义,加罪于反对自己的人罢了。"③

---

① 戴名扬校注:《稽康集校注》,人民文学出版社 1962 年版,第 112—129 页。

② 陈寅恪:《金明馆丛稿初编》,上海古籍出版社 1980 年版,第 180—184 页。

③ 鲁迅:《而已集》,人民文学出版社 1980 年版,第 109 页。

（三）顾炎武论著述标准书

明末清初大学者顾炎武对著述要求很严，所定标准很高。他在与人书中说："尝谓今人纂辑之书，正如今人之铸钱。古人采铜于山，今人则买旧钱，名之曰废铜，以充铸而已。所铸之钱既已粗恶，而又将古人传世之宝，舂剉碎散，不存于后，岂不两失之乎？承问《日知录》又成几卷，盖期之以废铜；而某自别来一载，早夜诵读，反复寻究，仅得十余条，然庶几采山之铜也。"①又在《与潘次耕书》中说："著述之家，最不利乎以未定之书传之于人。""今世之人速于成书，躁于求名，斯道也将亡矣。"②他对费时三十余年精心撰述的《日知录》十分自信，在与朱长孺书中写道："弟三十年来并无一字流传坊间，比乃刻《日知录》二本，虽未敢必其垂后，而近代二百年来未有此书，则确乎可信也。"③

"采山之铜"这一比喻，已为后世人们用作精品著作的代称。近年来"速于成书，躁于求名"之风甚炽，应当引起警惕。我们应当像顾炎武写《日知录》那样，精益求精，把"采山之铜"献给读者，而不要买旧钱以充铸。

（四）吴汝纶论西医、中医优劣书

在西医向中国传播的过程中，相信西医的人日益增多，其中一些深受西方思想影响的人尤持根本否定中医的态度。值得注意的是：清末，桐城派古文家吴汝纶④也笃信西医，痛贬中医。这说明即便在旧式文人中，西医也开始受到重视。

---

① 顾炎武：《顾亭林诗文集》，中华书局1983年版，第93页。
② 顾炎武：《顾亭林诗文集》，中华书局2008年版，第76—77页。
③ 缪荃孙辑：《艺风堂杂钞》，中华书局2010年版，第209页。
④ 吴汝纶（1840—1903年），安徽桐城人，为文宗法桐城派。曾入曾国藩幕，与张裕钊、黎庶昌、薛福成号称"曾门四弟子"。主讲保定莲花书院多年，弟子甚众。

光绪十九年三月二十五日（1893 年 5 月 10 日）致吴季白："每恨执事文学精进而医学近庸，但守越人安越之见，不知近日五洲医药之盛。视吾中国含混谬误之旧说，早已一钱不值。……平心察之，凡所谓阴阳五行之说果有把握乎？用寸口脉候视五脏果明确乎？本草药性果已考验不妄乎？五行分配五脏果不错谬乎？人死生亦大矣，果可以游移不自信之术尝试否乎？"①

光绪二十三年正月二十一日（1897 年 2 月 22 日）答王合之："绂臣灾病应退，某岂敢贪天之功，但平日灼知中医之不足恃，自灵枢、素问而已然。至铜人图则尤不足据，本草论药又皆不知而强言。不如西医考核脏腑血脉，的的有据。推论病形，绝无影响之谈。其药品又多化学家所定，百用百效。而惜中国读书仕宦之家安其所习，毁所不见。"又，同年十一月十七日（12 月 10 日）答何豹臣："医学西人精绝。读过西书，乃知吾国医家殆自古妄说。"②

光绪二十九年（1903 年）吴汝纶在安庆得了重病，请来一位美国医生，他不能确定病名，但吴汝纶虽病到重危，也不肯找中医一试，终于去世。吴汝纶与同时的旧文人相比，思想开明，他为严复译《天演论》所作序言传诵甚广，在清末思想界产生了相当大的影响。但他绝对肯定西医，而把中医说得一无是处，至死不看中医，走向了极端。

入民国后，学术界不少知名人士都否定中医。傅斯年断然说："我是宁死不请教中医的，因为我觉得若不如此便对不住我所受的教育。"③另有一人，不信中医，但请中医看病，病愈后却讳言其事，此人就是主张全盘西化的胡适。1920 年胡适患肾炎，西医医治无效，改请中医陆仲安诊治，后痊愈。最初，胡适还承认这件事，在 1921 年 3 月 30 日《题陆仲安秋室研经图》记说："我自去年秋间得病，我的朋友学西医的，或说是心脏病，或说是肾脏炎，他们用药，虽也有点功效，总不能完全治好。后来幸得马幼渔先生介绍我给陆仲安先生诊看。陆先生有时也曾用过黄芪十两，党

---

① 徐一士：《一士类稿·吴汝纶论医》，中华书局 2007 年版，第 303 页。
② 徐一士：《一士类稿·吴汝纶论医》，中华书局 2007 年版，第 303—304 页。
③ 傅斯年：《傅斯年全集》（第五卷），湖南教育出版社 2003 年版，第 434 页。

参六两,许多人看了,摇头吐舌,但我的病现在竟好了。"胡适未将这篇文章收入《文存》。在他逝世后,他的秘书胡颂平编《年谱》时才在芝翁《古春风楼琐记》中找到的。① 可是,胡适到了晚年就否认陆仲安曾经治好他的病这件事了。1954 年 4 月 12 日《复余序洋》信中说:"你看见一本医书上说,我曾患糖尿病,经陆仲安医好,其药方为黄芪四两……等等。我也曾见此说,也收到朋友此信,问我同样的问题。其实我一生没有得过糖尿病,当然,没有陆仲安治愈我的糖尿病的事。陆仲安是一位颇读古医方的中医,我同他颇相熟。曾见他治愈朋友的急性肾脏炎……"②1961 年八月初三《复沈某》说:"急性肾脏炎,我的朋友中有人患过,或用西法,或用中药,均得治愈。慢性肾脏炎,友人中患者,如牛惠生,如俞凤宾,皆是有名的西医,皆无法治疗,虽有人传说中医有方治此病,又有人传说我曾患慢性肾脏炎,为中医治好,——其实都不足信。大概慢性肾脏炎至今似尚未有特效药。在三十多年前,我曾有小病,有一位学西医的朋友,疑是慢性肾脏炎,后来始知此友的诊断不确。如果我患的真是此病,我不会有三四十年的活动能力了。"③

胡适明明是患肾脏炎,经中医陆仲安治好,却说是医好他朋友。又说,慢性肾脏炎是无法治疗的,急性肾脏炎西医也能治,他的朋友得的是急性肾脏炎。总之,胡适掩盖陆仲安曾经治好他的肾脏炎这件事,并强调慢性肾脏炎是治不好的。胡适为什么要说谎呢? 因为他是主张全盘西化的,故无论如何也不肯承认中医有治疗慢性肾脏炎的功效。

史学家陈寅恪对待西医、中医的态度与吴汝纶、傅斯年、胡适基本一样,但略有不同。他在《寒柳堂记梦未定稿》中"吾家先世中医之学"一节中说:"先曾祖以医术知名于乡村间,先祖先君遂亦通医学,为人疗病。寅恪少时亦尝浏览吾国医学古籍,知中医之理论方药,颇有由外域传入

---

① 罗尔纲:《师门五年记·胡适琐记》,生活·读书·新知三联书店 1995 年版,第 104、110 页。

② 罗尔纲:《师门五年记·胡适琐记》,生活·读书·新知三联书店 1995 年版,第 107—108 页。

③ 罗尔纲:《师门五年记·胡适琐记》,生活·读书·新知三联书店 1995 年版,第 108—109 页。

者。然不信中医,以为中医有见效之药,无可通之理。"①陈氏认为中医"无可通之理",这点与吴、傅、胡等人相同;不同的是:他还承认中医"有见效之药"。其实,陈氏这种看法是说不通的。既有见效之药,必有可通之理,只是这个"理"与西医的"理"不一样而已。

自西学传入中国以后,中、西医之争一直不停。吴汝纶早在清末即已否定中医,可称为西医鸣锣开道的先锋。1949 年以后,人民政府总结历史经验,提出了中西医结合的正确方针。由于中、西医在理论上和实践上都是自成体系的,必须对双方的医效和医理都进行深入的科学研究,而不可像吴汝纶那样采取绝对化的态度。

(五)王国维致罗振玉书论沈曾植

有的学者对另一学者的评价在公开场合很高,但在私下里却很低。王国维对沈曾植的评价即是如此。

王国维在《沈乙庵先生七十寿序》中说:"我朝三百年间,学术三变:国初一变也,乾、嘉一变也,道、咸以降一变也。……今者时势又剧变矣,学术之必变,盖不待言,世之言学者,辄伥伥无所归,顾莫不推嘉兴沈先生,以为亭林、东原、竹汀者俦也。先生少年固已尽通国初及乾、嘉诸家之说,中年治辽、金、元三史,治四裔地理,又为道、咸以降之学,然一秉先正成法,无或逾越。其于人心世道之污隆,政事之利病,必穷其原委,似国初诸老。其视经史为独立之学,而益探其奥穾,拓其区宇,不让乾、嘉诸先生。至于综览百家,旁及二氏,一以治经史之法治之,则又为自来学者所未及。"②

《寿序》把沈曾植捧得极高,竟把沈吹成顾亭林、戴东原、钱竹汀一流的人物,实在拟非其伦。可是,王在私下里给罗振玉的信(1916 年 5 月 17 日)中却说:"乙老言及,古乐家所传《诗》与诗家所传《诗》次序不同,考

---

① 陈寅恪:《寒柳堂集》,上海古籍出版社 1980 年版,第 168 页。
② 《王国维文集》(第 1 卷),中国文史出版社 1997 年版,第 97 页。

之古书,其说甚是,因申其说为一文,入《乐诗考略》中。乙老学说著于竹帛者,将来或仅此篇。然此篇乃由乙老一语所启发,亦不得谓为此老之说也。"①又在 1916 年 12 月 14 日致罗振玉的信中说:"乙老谈论须分别观之,时有得失。得者极精湛,而奇突者亦多出人意外。若孙仲老辈则笃守古法,无甚出入矣。"②王国维对沈曾植的学问的总评价又如何呢? 他在 1917 年 10 月 21 日致罗振玉的另一函中写道:"此老才疏志广,今之文举,尺牍之文,语妙天下。"③可以说是相当低的。

从以上几封王国维的信中可以看出两个问题。第一,王国维在公开的《寿序》中把沈曾植捧得极高,但在致罗振玉的私信里却又把沈贬得相当低,颇有点"两面"作风。第二,王国维是一个极其自负的人。他写《乐诗考略》,明明是受了沈的启发,可是又说"亦不得谓为此老之说也",仍然归功于自己。《观堂集林》卷首有署名罗振玉而其实是由王国维自己代写的一序,内中有这样的话:"君撰《殷卜辞中所见先公先王考》及《殷周制度论》,义据精深,方法缜密,极考证家之能事,而于周代立制之源及成王、周公所以治天下之意,言之尤为真切。自来说诸经大意,未有如此之贯串者。……君今年四十有七,百里之涂,行尚未半。自兹以往,固将摄伏生、申公而与之同游,非徒比肩程、吴而已。"④可见王是多么自负。极端自负,便往往贬低别人。王国维过分从沈曾植没有著作一点来衡量沈的学问,是很不妥的。在大学者中,有极少数人惜墨如金,正式发表的著作很少。黄侃即其一例。据黄的好友胡小石追忆:"在最后晤面的一次,他和我谈及不著书而无关于学问的话,我也认为嘉兴沈子培(即沈曾植——笔者注)先生,博学不著述,而与先生之成就无关。"⑤

---

① 《王国维全集》(第 15 卷),浙江教育出版社 2009 年版,第 137 页。
② 《王国维全集》(第 15 卷),浙江教育出版社 2009 年版,第 253 页。
③ 《王国维全集》(第 15 卷),浙江教育出版社 2009 年版,第 350 页。
④ 王国维:《观堂集林》,河北教育出版社 2003 年版,第 3—4 页。
⑤ 张晖编:《量守庐学记续编》,生活·读书·新知三联书店 2006 年版,第 22 页。

(六)陈垣论学风书

在陈垣的书信集中,有许多封是论学的,兹择其中的两封,以见陈垣个人和当时的学风特点及其变化。

1933 年 6 月 24 日致蔡尚思函:"抑有言者,甚么思想史、文化史等,颇空泛而弘廓,不成一专门学问。为足下自身计,欲成一专门学者,似尚需缩短战线,专精一二类或一二朝代,方足动国际而垂永远。不然,虽日书万言,可以得名,可以噉饭,终成为讲义的教科书的,三五年间即归消灭,无当于名山之业也。"①

陈垣这封信的内容值得注意,它不仅反映了陈氏个人的治学旨趣,而且代表了 20 世纪二三十年代史学界一种很有影响的倾向。当时的史学风尚,以尖精为贵,为此必须缩小研究范围。如果过宽,则不仅容易流于空泛,难见精义,而且可能出现"硬伤"。在盛行考据之时,如有"硬伤",便成为话柄。因此,陈垣劝蔡尚思"缩短战线,专精一二类或一二朝代,方足动国际而垂永远"。那时的史学家大都写专题论文或范围较窄的专著,就是出于这种考虑。以下略举数例,予以说明。备受新旧史学两界推崇的王国维,他的《殷卜辞中所见先公先王考》及《续考》《殷周制度论》《简牍检署考》等名篇都是专题论文。清华国学研究院四大导师之一的陈寅恪,他的"别进一新解"的"发覆"之作如《天师道与滨海地域之关系》《桃花源记旁证》等,也是单篇论文。陈寅恪到了 20 世纪 30 年代末40 年代初才写了两部专著《隋唐制度渊源略论稿》和《唐代政治史述论稿》,但这时他早已名满史学界了。傅斯年在 1947 年"中央研究院"举办第一届院士选举时,作为候选人之一,提出的著作为《性命古训辨证》和《夷夏东西说》。前者是一题目很窄的专著,后者是一长篇论文。再以陈垣自己为例。他的《元也里可温教考》《开封一赐乐业教考》《元西域人华化考》等,都是专题论文。《元西域人华化考》尤其是他的得意之作,发表

---

① 陈智超主编:《陈垣全集》(第二十三册),安徽大学出版社 2009 年版,第 174—175 页。

后博得中外史学家的普遍好评。

当时专精一二朝代的人,也只是就一二朝代的某些方面(政治或文化或经济等)和若干专题进行研究,很少有人写一二朝代的综合性的、全面的断代史。唯吕思勉一人写了三部断代史:《先秦史》(1941年)、《秦汉史》(1947年)和《两晋南北朝史》(1948年)。严耕望称吕思勉为"通贯的断代史家",给以很高的评价。① 吕氏治学以博通周赡见长,但当时的风气重视窄而专的深入研究,故吕氏的名气远不及"二陈"。笔者1945—1949年读燕京、清华大学历史系时(1945—1947年在燕京;1947—1949年在清华),听过课的老师有邓之诚、陈寅恪、刘崇鋐、雷海宗、齐思和、翁独健、邵循正、孙毓棠、吴晗、周一良诸位,但我没有听过他们当中任何一位提到吕思勉的著作。与此相比,1946—1947年在燕京大学读书时,翁独健师一次在课堂上说:"陈先生(寅恪)如能来燕大,即使不上课,也是我们的光荣。"

陈垣自己的治学导向后来也发生了变化。1950年初他在致席启骃(鲁思)的信中说:"九一八以前,为同学讲嘉定钱氏之学;九一八以后,世变日亟,乃改顾氏《日知录》,注意事功,以为经世之学在是矣。北京沦陷后,北方士气萎靡,乃讲全谢山之学以振之。谢山排斥降人,激发故国思想。所有《辑覆》《佛考》《诤记》《道考》《表微》等,皆此时作品,以为报国之道止此矣。所著已刊者数十万言,言道、言僧、言史、言考据,皆讬词,其实斥汉奸、斥日寇、责当政耳。"②下面举《明季滇黔佛教考》为例,略做说明。此书成于抗日战争中的1940年。1957年重印此书时,他在《后记》中写道:"此书作于抗日战争时,所言虽系明季滇黔佛教之盛","其实所欲表彰者乃明末遗民之爱国精神、民族气节,不徒佛教史迹而已。"此书写成后,陈寅恪从昆明寄来一篇序,序里引用《世说新语》中的一个故事来比喻陈垣和他自己。"昔晋永嘉之乱,支愍度始欲过江,与一伧道人为侣。谋曰:用旧义往江东,恐不办得食,便共立心无义。既而此道人不成

---

① 严耕望:《怎样学历史——严耕望的治史三书》,辽宁教育出版社2006年版,第198页。
② 《陈垣往来书信集》增订本,第247页。

渡，愍度果讲义积年。后此道人寄语愍度云：心无义那可立，治此计权救饥耳，无为遂负如来也。忆丁丑之秋，寅恪别先生于燕京，及抵长沙，而金陵瓦解。乃南驰苍梧瘴海，转徙于滇池洱海之区，亦将三岁矣。此三岁中，天下之变无穷。先生讲学著书于东北风尘之际，寅恪入城乞食于西南天地之间，南北相望，幸俱未树新义，以负如来。"①

1949 年以后，史学界风气逐渐转变，《中国通史》《世界通史》《中国思想史》这类的大题目不断有人编写了。总之，史学研究应宏观与微观兼顾，内容和质量是评价的最高标准，其他因素都是次要的，或可不予考虑的。

（七）胡适论当代学人书

从年青起即享大名的胡适，给当时人的一般印象是谦和有礼的，但他其实是一个很骄傲的人，常以"20 世纪中国文艺复兴之父"自居。当然，他也不是对谁都看不起。对前辈学者王国维、同辈学者汤用彤等人，他还是称赞的。但对另一些人，他却十分轻视，丧失了一个学者应有的理智判断。例如：

1950 年 5 月 29 日，胡适在致杨联升的信中说："你评冯芝生的书，未免笔下太留情了。这种没有历史眼光的书，绝对称不上 'authoritative & comprehensive account'，更不是 'a well-balanced treatment of the important schools.' 他一字不提 '颜李学派'，可见他无见识。他接受 Northrop 的胡说作纲领，更是好笑！"②胡适于 1919 年发表的《中国哲学史大纲》上卷是他的成名作。但此书并未写全，有上无下。胡氏以后也想补全，由于种种原因，主要是对中古哲学一段缺乏研究，深恐勉强写出，难免贻笑大方，故至死仍只有 1919 年的半部。冯友兰的《中国哲学史》写于 20 世纪 30 年代，颇获好评。例如，陈寅恪在《冯友兰中国哲学史上册审查报告》中说：

---

① 陈寅恪：《金明馆丛稿二编》，上海古籍出版社 1980 年版，第 240—241 页。
② 《论学谈诗二十年——胡适杨联升往来书札》，安徽教育出版社 2001 年版，第 119 页。

"窃查此书,取材谨严,持论精确,允宜列入清华丛书,以贡献于学界。"①
在下册《审查报告》中又说:"自刊布以来,评论赞许,以为实近年吾国思
想史之有数著作,而信寅恪前言之非阿私所好。"②顾颉刚在《当代中国史
学》一书中的评价是:"《中国哲学史》搜材充备,考订精详,态度公允而客
观,叙述亦极有条理系统,中国哲学演变的真相,读此书可明白其大概,诚
为哲学史中最完善之杰作。"③胡适对这类赞扬冯著的话当然是知道的,
并肯定是大不以为然的。因此,在看到杨的书评称冯的哲学史为"权威
的和综合的叙述""对重要学派的相当均衡的处理"后,再也压不住久蓄
胸中的怒气,遂把冯著贬得一无是处,想"一棍子打死"。

　　这封信最能暴露胡适作为学者的狂妄自大的一面。何炳棣在一次
听到胡适说"陈寅恪就是记性好"这样贬低的话以后,写了一段话:"胡
先生一生虽以博雅宽宏,处世'中庸'著闻于世,但由于他深深自觉是
当代学术、文化界的'第一人',因此他自有目空一切、粗犷不拘、恣意
戏谑、大失公允的一面,而这一面是一般有关胡先生书文中较少涉及
的。例如:陈寅恪就是记性好。"④这段话说得很中肯。当然,胡适有时
也承认陈寅恪是有学问的,例如在 1937 年 2 月 22 日的日记中写道:
"读陈寅恪先生的论文若干篇。寅恪治史学,当然是今日最渊博最有识
见最能用材料的人。但他的文章实在写的不高明,标点尤赖,不足为
法。"⑤这是胡适在理性支配下写出的话。可是,由于他内心深处常以"第
一人"自矜,目无余子,便脱口而出,说了"陈寅恪就是记性好"这样的话。
言外之意,他也没有什么了不起,不过是记诵之学罢了。

　　冯友兰也看不起胡适。据何炳棣说:"1947 年盛夏,冯先生从宾州大
学过访纽约,住在哥大附近一家旅馆。我晚上去看他,长谈中提及朋友见
告,杨绍震夫人许亚芬(清华第六级 1934 年毕业)在斯密丝女校(Smith

①　陈寅恪:《金明馆丛稿二编》,上海古籍出版社 1980 年版,第 247 页。
②　陈寅恪:《金明馆丛稿二编》,上海古籍出版社 1980 年版,第 250 页。
③　顾颉刚:《当代中国史学》,辽宁教育出版社 1998 年版,第 79 页。
④　何炳棣:《读史阅世六十年》,广西师范大学出版社 2005 年版,第 322 页。
⑤　曹伯言整理:《胡适日记全编》(6),安徽教育出版社 2001 年版,第 657 页。

College）的硕士论文的题目是'1927 年以前胡适对中国文化界的影响'。冯先生听了，急不能待，口吃地以极纯极浓的河南腔说：'这……这……这个题目很……很……很好，因为过了 1927，他也就没……没……没得影响啦！'"①文人相轻，自古已然，胡冯交恶，又增一例。

再如，1953 年 9 月 5 日，胡适在致杨联升的另一函中论及傅斯年《性命古训辨证》一书，内云：《性命古训辨证》一书"我今夜读一遍，颇不满意，其下篇尤'潦草'，则自序中已言之。实则上中两篇也只够一短文。当时在战祸中，他又太忙，故此书颇不能使人满意。你以为如何？"②

胡适对《性命古训辨证》一书的评价，很值得玩味。是否这本书真的"只够一短文"，没有什么价值呢？不是的。请看其他学者的评价。哈佛大学教授华裔学者杨联升，学识渊博，甚受西方汉学界看重，胡适的信就是写给他的。他虽然早已知道胡适对傅斯年此书的看法，但在 1968 年 7 月 25 日一次演说中仍然说："傅孟真先生有一本《性命古训辨证》，就是阐明历史与语言关系的好例。……他这部书前半都是分析这四个字的关系，是训诂学（Philology）上一大贡献。这个字广义是语言学，狭义是历史的语言学，大略相当于传统所设训诂之学。"③这是一个严肃学者应有的态度，不因尊重胡适而改变自己的看法。我们再看老一辈学者的评价。陈垣于 1940 年 8 月 14 日致长子陈乐素函中说："即接到孟真先生撰《性命古训辨证》一部二册，内多新材料、新解释，不可不一读。"④两日后，复致陈乐素一函，再次谈到傅著："余阅《性命古训辨证》，深知余已落伍，未知在他人觉得如何耳？"⑤杨树达在 1941 年 3 月 6 日的日记中写道："阅傅斯年《性命古训辨证》。书颇博通，条理亦密。"⑥陈、杨二人都是卓有成就的学者，眼力高，要求严，不会轻易赞许人的。胡适否定《性命古训辨证》一书，并未举出什么理由，显然不如其他三人公允。

---

① 何炳棣：《读史阅世六十年》，广西师范大学出版社 2005 年版，第 190 页。
② 《论学谈诗二十年——胡适杨联升往来书札》，第 226 页。
③ 蒋立编：《哈佛遗墨·杨联升诗文简》，商务印书馆 2004 年版，第 124 页。
④ 陈智超编注：《陈垣来往书信集》，生活·读书·新知三联书店 2010 年版，第 1118 页。
⑤ 陈智超编注：《陈垣来往书信集》，生活·读书·新知三联书店 2010 年版，第 1118 页。
⑥ 杨树达：《积微翁回忆录》，上海古籍出版社 1986 年版，第 170 页。

　　胡适与傅斯年的交情很深,平日对傅的学术造诣也评价很高,如说:"他是绝顶聪明人,记诵古书很熟,故能触类旁通,能从纷乱中理出头绪来。在今日治古史者,他当然无有伦比。"①那么,这一次为什么竟如此贬低呢? 笔者以为,很可能是由于胡适自居"第一人"的老毛病又犯了。他对《性命古训辨证》只在夜间匆匆看了一遍,并未深入研究,因而认识不到这本书在内容与方法上都有创新的地方,便凭印象轻易下了结论。一些学者既有谦虚的一面,也有骄傲的一面。我们在看到他谦虚的一面时,不要忽略他还有骄傲的一面。反之,亦然。当然,这两方面孰轻孰重,是因人而异的。人们常说,看问题、看人要全面。说来容易,做到很难。

(原载《首都师范大学学报》(社会科学版)
2012 年第 5 期)

---

　　①　曹伯言整理:《胡适日记全编》(6),安徽教育出版社 2001 年版,第485页。

第 四 讲

谈回忆录类私人文件的史料价值

回忆录、自传、自述(自叙)、自订年谱是同一类性质而各有特色的私人文件,一般认为具有直接史料的价值。本文首先谈回忆录(包括自传、自述/自叙、自订年谱,以下统称回忆录)的史料价值,其次谈它的缺陷和局限性。

一、回忆录的史料价值

从内容看,回忆录大致可分两种:一种以个人为线索,多涉作者所处的时代;另一种主要谈个人,旁及所处的时代。这两种的内容虽各有侧重,但都有"知人论世"的史料价值。本文不从文体上按回忆录、自传、自述(自叙)、自订年谱分别叙述,而是把它们作同一类史料处理,说明时不拘一体。

甲、以个人为线索，多涉时代各个方面的回忆录

这种回忆录的价值在于我们从中不仅可以了解作者个人，还可以更多地了解作者生存时代的各个方面。

（一）一些回忆录载有政治方面的可用史料

涉及重要政治事件的，举以下四例：

1. 陈寅恪：《寒柳堂记梦未定稿》

多年来史学界研究戊戌变法，都把重点放在康有为等人身上，但陈寅恪在《寒柳堂记梦未定稿》和《读吴其昌撰梁启超传书后》提出变法有"二源"的说法，值得注意。

《寒柳堂记梦未定稿》六《戊戌政变与先祖先君之关系》谓："盖先祖（指陈宝箴——笔者注）以为中国之大，非一时能悉改变，故欲先以湘省为全国之模楷，至若全国改革，则必以中央政府为领导。当时中央政权实属于那拉后，如那拉后不欲变更旧制，光绪帝既无权力，更激起母子之冲突，大局遂不可收拾矣。那拉后所信任者为荣禄，荣禄素重先祖……先祖之意欲通过荣禄，劝引那拉后亦赞成改革，故推凤行西制而为那拉后所喜之张南皮入军机。首荐杨叔峤（锐），即为此计划之先导也。"①

《读吴其昌撰梁启超传书后》一文写道："当时之言变法者，盖有不同之二源，未可混一论之也。咸丰之世，先祖亦应进士举，居京师。亲见圆明园干霄之火，痛哭南归。其后治军治民，益知中国旧法之不可不

---

① 陈寅恪：《寒柳堂集》，上海古籍出版社 1980 年版，第 181—182 页。

变。……至南海康先生治今文公羊之学,附会孔子改制以言变法。其与历验世务欲借镜西国以变神州旧法者,本自不同。故先祖先君(指陈三立——笔者注)见义乌朱鼎甫先生一新《无邪堂答问》驳斥南海公羊春秋之说,深以为然。据是可知余家之主变法,其思想源流之所在矣。”陈文还谈到了他的祖父陈宝箴(时任湖南巡抚)和他的父亲陈三立聘梁启超来长沙主持时务学堂的具体情节。“丁丑春,余偶游故宫博物院,见清德宗所阅旧书中,有时务学堂章程一册,上有烛烬及油污之迹,盖崇陵乙夜披览之余所遗留者也。归寓举以奉告先君,先君因言聘新会至长沙主讲时务学堂本末。”①大致的经过是:黄遵宪向陈宝箴推荐康有为主持时务学堂,陈宝箴询问他儿子陈三立的意见,陈三立说曾见梁启超的文章,梁的论说似胜过其师,不如舍康而聘梁,陈宝箴采纳了这一意见,遂聘梁来长沙主持时务学堂。这一情节说明光绪皇帝实行变法的认真态度以及陈氏父子在湖南推行新政的积极作为,颇具史料价值。对戊戌变法中湖南新政的研究现已有一些,似可更加深入。

2.《顾维钧回忆录》

《顾维钧回忆录》包含的外交史料十分丰富,兹择其中有关布鲁塞尔会议的回忆数则如下:

1937年7月日本发动侵华战争以后,中国代表团团长向国联提出申诉。10月6日,国联大会通过了远东顾问委员会关于召开九国公约签字国会议的建议。② 召开九国公约签字国会议的建议,是英国代表克兰伯恩首先提出的。顾维钧在回忆中写道:“克兰伯恩的建议,像从天而降的炸弹,这个意想不到的显然是将责任推卸给美国的巧妙手段,一时惊呆了所有在场的人。”③“显然,英国的提案可以说是想‘把烫马铃薯扔进华盛

---

① 陈寅恪:《寒柳堂集》,上海古籍出版社1980年版,第148—149页。
② 1937年11月3日,在比利时首都布鲁塞尔召开会议,至11月24日无限期休会,史称“布鲁塞尔会议”。
③ 顾维钧:《顾维钧回忆录》(2),中华书局1985年版,第506页。

顿公约的篮子里',实际上是硬塞给美国政府。"①还在布鲁塞尔会议正开时,英国首相张伯伦已于10月21日在下院宣布:"我认为,到这个会议上去谈论经济制裁、经济压力和武力,是完全错误的。我们是在这里缔造和平,而不是在这里扩大冲突。"②英国怕得罪日本,想让美国在前台扮演主要角色。但美国同样不打算制裁日本和援助中国,决不肯被英国推到前台充当领袖。1937年11月16日,顾维钧拜访了美国国务院顾问亨培克。顾维钧回忆说:"亨培克说,他不喜欢拐弯抹角地讲话,坦率地说,九国公约仅仅规定了充分而真诚地交换意见。……公约没有为签字各国规定有采取措施的义务。不管需要采取什么措施,那也不是按公约和会议的规定,而仅仅是缔约各国的自愿。""就美国而言,用经济办法来制裁日本,也是办不到的,除非美国人民决心冒战争的危险,或者得出结论说,这些措施不会引起什么危险。……美国人民知道美国有一支强大的海军,但不希望动用;美国有钱,但不愿用于战争。还有贸易,美国人民所持的理由是,战争一爆发,生意就要垮台。在对日贸易上感兴趣的人们认为,如果与日本交战,生意就做不成了。南方棉花种植者害怕禁止棉花输日会使他们倾家荡产。虽然战事过后,贸易还会恢复到更大的规模,但是他们仍然不希望因战争而暂时停止贸易。"③

在中国人民浴血奋战、抵抗日本侵略者的时候,美、英却纵容日本,致使日本的侵略野心越来越大,不久就于1941年12月发动了太平洋战争,把屠刀砍到美、英的头上。

3.《杜鲁门回忆录》

第二次世界大战临近结束时,美军于1945年8月6日、9日向日本广岛、长崎先后各投了一颗原子弹。投掷原子弹,不是像某些西方史学家所说的那样,纯粹为了达到减少美军登陆日本本土后人员大量伤亡的军事

---

① 顾维钧:《顾维钧回忆录》(2),中华书局1985年版,第568页。
② [英]尼维尔·张伯伦:《为和平而斗争》(Neville Chamberlain, *The Struggle for Peace*),伦敦1939年版,第42页。
③ 顾维钧:《顾维钧回忆录》(2),中华书局1985年版,第657—658页。

目的,而是另有重要的政治目的。杜鲁门在回忆录中说:"中午(指1945年4月25日——笔者注)我接见了陆军部长史汀生……他解释说,他觉得有必要跟我谈谈他的想法,关于原子弹在战争中造成的革命性的变化,以及这种武器对于我们的文明所可能产生的影响。……他告诉我,如果预期的结果得以实现,原子弹对于我们与其他国家的关系一定产生决定性的影响。……贝尔纳斯早就告诉过我,这种武器威力极大,有可能毁灭整个城市,杀伤力达到空前的规模。他还说,他相信这种炸弹有可能使我们在战争结束时处于发号施令的地位。"①"陆军部长史汀生于7月16日早晨所发出的电报(内容为原子弹试验成功——笔者注),使我获悉第一颗原子弹爆炸的历史性消息。我们的绝对秘密和最为大胆的作战计划实现了。我们现在拥有一种战争武器,它不但能彻底扭转整个战局,而且能掉转历史和文明的方向。"②用原子弹影响美国与其他国家(主要是苏联)的关系,使美国在战争结束时处于发号施令的地位,这就是美国投掷原子弹的政治目的。

4. 爱伦堡:《人·岁月·生活——爱伦堡回忆录》

爱伦堡是苏联著名作家,担任苏联各大报驻外记者多年,阅历丰富。根据现场观察,他对一些重要政治事件做了生动、具体的叙述,寓论断于叙事之中,颇具特色。例如,他对1938年慕尼黑协定签订后法国的反映,有如下的回忆:"9月30日公布了慕尼黑协定。电灯又亮了,普通法国人有点得意忘形:他们以为自己胜利了。在大林荫道上的一个雾蒙蒙的黄昏,人们兴高采烈,这个景象使你感到恶心。人们互相祝贺。市政当局甚至将巴黎的一条街道命名为'9月30日大街'。傍晚,我同普捷尔曼在蒙帕纳斯的'库波尔'咖啡馆吃晚饭。我在前面提到,我的朋友普捷尔曼编辑了一个'左倾'的周刊《观察》。……我们坐着,刚发生的这件事使我们

① 哈里·杜鲁门:《杜鲁门回忆录》(第一卷),生活·读书·新知三联书店1974年版,第80页。
② 哈里·杜鲁门:《杜鲁门回忆录》(第一卷),生活·读书·新知三联书店1974年版,第352—353页。

十分沮丧。然而邻桌的一些法国人却喝着香槟，设宴庆祝。一个邻座突然发现我们对碰杯、哈哈大笑和狂欢感到气愤，便问道：'看来我们打扰了你们吧？'普捷尔曼回答说：'不，先生，我是捷克斯洛伐克人。'他们不作声了，然而过了几分钟，他们又兴高采烈地喧嚷起来。

我看见达拉第驱车经过爱丽舍田园大街。人们向他的汽车扔玫瑰花。达拉第面露笑容。……我在卡皮尤辛林荫道上看见一家电影院的屋顶上插着4面旗子，其中有一面德国的'卐'字旗。报纸征集签名作为赠给'调解人张伯伦'的礼物。阿尔萨斯的科尔马市有4条街道易名，其中之一被命名为'阿道尔夫·希特勒大街'。"①张伯伦、达拉第出卖捷克斯洛伐克，推行绥靖政策之所以得逞，原因之一就是第一次世界大战后在英、法弥漫着和平主义气氛，看爱伦堡的上述回忆，可知法国人心厌战，宁可苟安一时的心理。

涉及政治某一方面的，如贪污黑幕。

贪污这一丑恶现象，历朝历代都有，但其具体情节则是从官方文件中很难详细看到或者根本看不到的。试看以下三例：

1. 张集馨：《道咸宦海见闻录》

作者张集馨，生于嘉庆五年（1800年），死于光绪四年（1878年），历任知府、道员、按察使、布政使、署理巡抚等职。生前写有自叙年谱，未取名，编者丁名楠根据这部年谱的特点，名之为《道咸宦海见闻录》。年谱的内容大部分是张集馨任外官时的经历，兹录其中有关外官"馈赠"京官与封疆大吏贪污二则如下：

清朝京官俸给微薄，据何刚德《客座偶谈》：正一品大学士，春秋二季每季俸一百八十两，一年三百六十两，每月合六十两，递减而已于七品翰林院，每季只四十五两，每月不及八两。但外官另有"养廉"，如边省督抚年支二万，其余大小省均在二万以下，一万以上，藩臬一万，知府三千，知

---

①　伊利亚·爱伦堡：《人·岁月·生活——爱伦堡回忆录》（中），海南出版社1999年版，第438—439页。

县一千二百，等等。① 此外，还有许多其他搜刮剥削的办法。外官为了"通声气""保位""求升擢"，必须把贪污所得的一部分用于"馈赠"京官。张集馨写道："京官俸入甚微，专以咀嚼外官为事，每遇督抚司道进京，邀请宴会，迄无虚日。濒行时，分其厚薄各家留别。予者力量已竭，受者冀望未餍，即十分周到，亦总有恶言。甚而漠不相识，绝不相关者，或具帖邀请，或上书乞帮，怒其无因，闵其无赖，未尝不小加点染。是以外官以进京为畏途，而京官总以外官为封殖。余……陕西粮道出京留别，共费万七千余金。四川臬司出京留别，一万三四千金。贵州藩司出京，一万一千余金。调任河南藩司出京，一万二三千金。而年节应酬，以及红白事体，尚不在其内，应酬不可谓不厚矣。"②

年谱还披露了已被革职的前闽浙总督颜伯焘于道光二十二年（1842年）回广东原籍，途经漳州的骇人听闻的情况。张时任福建汀漳龙道，亲见其过境排场如下："前帅（指已被革职的前闽浙总督颜伯焘——笔者注）回粤，道经漳城。二月杪，县中接上站差信，预备夫马供张。至初一日，即有扛夫过境，每日总在六七百名，……随帅兵役、抬夫、家属、舆马仆从几三千名，分住考院及各歇店安顿，酒席上下共用四百余桌。"③"前帅过境，蒋令（指龙溪县令）实用去一万余金"。④ 每日六七百名扛夫抬运颜家的行李，可见他在任上贪污了多少东西。

2.《春游纪梦》《续洪宪纪事诗补注》

作者张伯驹（1898—1982年），近世著名文化人物，其父张镇芳为袁世凯表弟，北洋系重要人物之一。张伯驹，世家子弟，亲历亲见亲闻中多有可备史料者，录其二则如下：

其一，《春游纪梦》有"挂名差使"一条。"挂名差使之风，入民国后更变本加厉。……张作霖为大元帅时，潘复任国务院总理兼财政总长，夏枝

---

① 参见何刚德：《春明梦录·客座偶谈》，上海古籍出版社1983年版。
② 张集馨：《道咸宦海见闻录》，中华书局1981年版，第270—271页。
③ 张集馨：《道咸宦海见闻录》，中华书局1981年版，第65页。
④ 张集馨：《道咸宦海见闻录》，中华书局1981年版，第67页。

巢任次长代理部务。一日潘交一条子任某某两人为参事上行走,各月支薪三百元,乃潘复之两妾也。此事为枝巢对予言者"。潘复的贪污办法真是匪夷所思,他的姨太太竟然挂名财政部,变成了"参事"。①

其二,《续洪宪纪事诗补注》五。(诗略——笔者注)"项城入军机,向庆亲王奕劻保荐杨士骧继任直隶总督。士骧性贪婪……时粤人蔡书堂任津海关道,缺最肥,士骧见蔡,每谩骂之。先父一日谓士骧曰:'彼亦道员,何可如此对之?'士骧曰:'老同年不知也,小骂则地毯皮货衣料来矣,大骂则金银器皿来矣,是以不可不骂。'一日士骧谓先父曰:'请老同年给你两个侄子弄个挂名差使,每人二百两银子,作其读书费用。'先父曰:'须要起个名字,一叫'杨应享',一叫'杨应得'可矣。"②

3.《国民党军政部点验委员会的真相》

国民党各式各样的机构林立,有些机构的设立名义上是为了防止、纠正贪污,但实际上成立后又多了一架贪污机器,如军政部点验委员会。当时,国民党军队逃亡率大,缺额太多,有的部队实有人数不到编制1/3,层层吃空,兵力不足,没有作战能力。蒋介石为了充实自己的军事力量,作为反共反人民的本钱,采取点验部队的办法,成立了军政部点验委员会。方暾被任命为点验委员会委员兼第一组中将组长,负责点验川康的部队。方这一组,除他外,还有12个组员。方上任后,在成都住了半年,到部队去了两个月。"在点验过程中,知道他们部队的缺额多,发现昨天点过名的,今天又来顶替另一个部队,只好睁一只眼,闭一只眼,马马虎虎过去,有的略微提一下,让他们知道对他们的照顾。""川康部队点验完毕,半年的交通旅行费各自上了腰包,实际花费,全由地方负担。所谓点验,只是一个形式。各个组员的收入,超过了薪俸好多倍;我比组员还多些。离开成都时,邓锡侯写了一封信给何应钦,说我们'廉洁奉公'。真是天晓得。"③

---

① 张伯驹:《春游纪梦》,辽宁教育出版社1998年版,第74—75页。
② 张伯驹:《春游纪梦》,辽宁教育出版社1998年版,第173页。
③ 方暾:《国民党军政部点验委员会的真相》,载《人民政协报》1998年12月9日第4版。

(二)一些回忆录载有经济方面的可用史料,例如:

汪辉祖:《病榻梦痕录》

汪辉祖生于雍正八年(1730年),卒于嘉庆十二年(1807年)。汪起身寒素,周历宦、幕两途,阅历甚广。《病榻梦痕录》由他口授,二子笔记成书,其中有宝贵经济史料,如谈洋钱:"余年四十岁以前,尚无番银之名,有商人自闽、粤携回者,号称洋钱,市中不甚行也。……番银又称洋银,名亦不一,曰双柱、曰倭婆、曰三工、曰四工、曰小洁、曰小花、曰大戳、曰烂版、曰苏版。价亦大有低昂。作伪滋起,甚至物所罕见,辄以洋名。陶之铜胎者为洋瓷,髹之填金者为洋漆,松之鍼小本矮者为洋松,菊之瓣大色黑者为洋菊,以及洋斸洋锦洋绮洋布洋铜洋米之类不可偻指,其价皆视直省土产较昂,毋亦郑声乱雅之弊欤。"①录中指出"物所罕见辄以洋名"一点极重要。汪辉祖40岁当乾隆三十五年,"洋风"已如此之盛,后来则变本加厉。笔者于20世纪40年代在北平读大学时,见到一些所谓的"洋货铺",其实主要卖的是国货(质量较好、价较昂者),地道的洋货很少。

(三)一些回忆录,除经济史料外,还载有
社会、文化方面的可用史料,例如:

1. 孟元老:《东京梦华录》

孟元老,北宋时人,南渡后追忆汴京昔年盛况,成《东京梦华录》一书。《四库全书总目提要》谓:"自都城坊市节序风俗,及当时典礼仪卫,靡不赅载。虽不过识小之流,而朝章国制颇错出其间。核其所记,与《宋志》颇有异同……皆可以互相考证,订史氏之讹舛"。其实,本书的价值主要不在于可以与《宋志》互相考证,而在于所记"市井游观,岁时物货,

---

① 汪辉祖:《病榻梦痕录》(下),台湾商务印书馆1980年版。

民风俗尚"(赵师侠跋)那些所谓"识小"的地方,因其中含有珍贵的经济、社会、文化史料。例如卷三"相国寺内万姓交易"条记:"相国寺,每月五次开放,万姓交易"的情景。举行庙会,定期进行交易这一风俗一直沿袭到后代。卷五"育子"条记:"生子百日置会,谓之'百晬'。至来岁生日谓之'周晬',罗列盘盏于地,盛果木、饮食、官诰、笔砚、算秤等,经卷、针线,应用之物,观其所先拈者,以为征兆,谓之'试晬'。此小儿之盛礼也。"①令小儿抓物,以测其前途,此一习俗后代亦有。

2. 吴自牧:《梦粱录》

吴自牧,南宋人,缅怀临安往事,仿《东京梦华录》之体,作《梦粱录》。卷十八"物产"条记"谷之品""丝之品""货之品""菜之品""果之品""花之品""药之品",等等,可知当时的物产。卷十九"社会"条,记当时的结社:"文士有西湖诗社";"武士有射弓踏弩社";"奉道者有灵宝会";"奉佛者有上天竺寺光明会",等等。② 书中有关社会经济的记载,可供研究南宋社会经济史者参考。

至于《东京梦华录》的"京瓦伎艺"条、《梦粱录》的"小说讲经史"条,更是小说史研究者经常引用的文化史料。

乙、主要谈个人,旁及所处时代的回忆录

这类回忆录的作者主要谈他个人的事情,但也涉及他所处时代的种种情况。我们看这类回忆录,重点是了解作者个人,连带也可了解他"所处之世"。下举数例,并略加说明。

---

① 孟元老:《东京梦华录》(上),中华书局 2006 年版,第 288—289 页;同书(下),第 503—504 页。

② 吴自牧:《梦粱录》,浙江人民出版社 1980 年版,第 162—167、181—182 页。

（一）司马迁：《太史公自序》

这篇《自序》主要说明作者与所撰《太史公书》（东汉以后称《史记》）的关系。近代西方人流行写自传、回忆录，而中国古代则有自序之作。司马迁撰《太史公书》百三十篇，最后一篇即《太史公自序》。

司马迁在《自序》中首先说明了他的家世和学术继承关系。接着讲他秉承父亲司马谈的遗命修史的经过，特别是在遭李陵之祸，受到腐刑的奇耻大辱之后仍然继续修史的原因。他悲愤地想到周文王、孔子、屈原、左丘明、孙膑、吕不韦、韩非等人的著作"大抵贤圣发愤之所为作也。此人皆意有所郁结，不得通其道也，故述往事，思来者。"他要以他们为榜样，把修史的工作继续下去。后世不少人在遭到冤屈后，都受到司马迁这段话的激励，忍辱以待完成自己的未竟之业。最后，他分别阐述了本纪、表、书、世家、列传五种体例的撰写目标，它们是互相独立而又互相联系和补充的，构成了一个完整体系。司马迁还对十二本纪、十表、八书、三十世家、七十列传一一予以扼要说明。总之，要了解《史记》一书，《自序》是必须精读的。

《太史公自序》开创了历史学家《自序》这一体例，在中国史学史上占有重要的地位。以后，史家续有《自序》之类的写作。钱大昕在《廿二史考异》一书中说："自史公有自序一篇，而班孟坚、司马彪、华峤、沈约、魏收、李延寿之徒，各为叙传。……唐宋以来，设立官局，史非一人一家之书，故无序传之名矣。"①其实，史家之外，采用《自序》这一体例的作者还有不少，如王充《论衡》之有《自纪》，等等。近人冯友兰的《三松堂自序》则写成了一本二十多万字的书，类同自传，而不是一篇文章了。

---

① 钱大昕：《钱大昕全集》（二），江苏古籍出版社1997年版，第109页。

（二）蔡元培:《自写年谱》

蔡元培一生没有写自传,也没有留下一本完整的《自写年谱》。1938年11月7日,他在《复高平叔函》中说:"自传因头绪颇繁,不适于旅行中之准备(参考书既不完全,工作亦时时中辍),故照年谱体写之,现已得三万言左右(写成时至少五万言)。……若欲弟别撰一篇较短之自传,则又提不起精神来。鄙意,'文存'本为集体,冠首之传,亦不妨用集体式。"①蔡的《自写年谱》于1936年2月14日动笔,1940年2月停笔,从家世写起到1921年,始终没有写完。尽管如此,这本未完成的《自写年谱》仍是我们了解这位大教育家的一份重要史料。

《自写年谱》中最重要的部分,就是蔡元培整顿北京大学的经过。②1917年,蔡元培出任北京大学校长。就任前,多数友人劝他不可就职,因北大太腐败,整顿不成,反自毁声名。也有少数人劝驾,谓不妨一试。蔡上任后,经过几年的整顿,终于把北京大学由一个官僚养成所改造成一座崭新的、全国最先进的大学。蔡元培写道:"北京大学,在清季本名京师大学堂,分设仕学、师范等馆,所收的学生,都是京官。后来虽逐渐演变,而官僚的习气不能洗尽。学生对于专任的教员,不甚欢迎;较为认真的,且被反对,独于行政司法界官吏兼任的,特别欢迎……对于学术,并没有何等兴会;讲堂以外,又没有高尚的娱乐与自动的组织,遂不得不于学校之外,竞为不正当的消遣,这就是著名腐败的总因。"③

教学上的整顿,自文科始。"旧教员中,如沈尹默、沈兼士、钱玄同诸君,本已启革新的端绪;自陈独秀君来任学长,胡适之、刘半农、周豫才、周

———————————

①　高平叔编:《蔡元培全集》(第七卷),中华书局1989年版,第230页。按:现已出版的《蔡元培自述》《孑民自述》等,都是利用蔡的《自述年谱》,再加上其他一些文章、讲演合成的。

②　按:蔡元培在《自写年谱》手稿第一册的末页,附有《我在教育界的经验》,是为撰写《我在教育界的经验》一文所列的要项。整顿北京大学的经过,即见于此要项中。此文前记蔡元培34岁事,此文后记蔡54岁事,中缺。

③　高平叔编:《蔡元培全集》(第七卷),中华书局1989年版,第318—319页。

岂明诸君来任教员，而文学革命、思想自由的风气遂大流行。"①继文科之后，蔡元培又整顿了理科和法科。

蔡元培任校长期间，大力提倡思想自由、兼容并包，这是他在我国教育史上的一大建树。他说："我对于各家学说，依各国大学通例，循思想自由原则，兼容并包。无论何种学派，苟其言之成理，持之有故，尚未达自然淘汰之命运，即使彼此相反，也听他们自由发展。例如陈君介石、陈君汉章一派的文史，与沈君尹默一派不同；黄君季刚一派的文学，又与胡君适之的一派不同；那时候各行其是，并不相妨。对于外国语，也力矫偏重英语的旧习，增设法、德、俄诸国文学系，即世界语，亦列为选科。"（按：引文中的这一段与1937年12月发表的《我在教育界的经验》的内容完全相同）②蔡元培这些重要办学思想，至今对我们仍有重要借鉴意义。

（三）《齐如山回忆录》

齐如山（1875—1962年）毕生研究戏剧，著书数十种。他的《回忆录》含有丰富的史料，我们从中不仅可以了解许多有关京剧的史料，还可获知他生存年代其他方面的情况，例如同文馆。

清同治元年（1862年），恭亲王奕䜣《奏设同文馆折》，认为"欲悉各国情形，必先谙其语言文字，方不受人欺蒙"。同文馆成立之后，由于当时守旧顽固势力还很强大，极受轻视。齐如山幼入同文馆，他在《回忆录》中生动地写道："馆是成立了，但招不到学生，因为风气未开，无人肯入，大家以为学了洋文，便是降了外国。在汉人一方面，政府无法控制，招学生太费事，于是由八旗官学中挑选，虽然是奉官调学生，但有人情可托的学生谁也不去，所挑选者，大多数都是没有人情，或笨而不用功的学生。因为这种学生，向来功课成绩不好，八旗官学虽腐败，这种学生也站不住，或将被革，倘到同文馆，或者还可以混一个时期。这是最初招生的情形，

---

① 高平叔编：《蔡元培全集》（第七卷），中华书局1989年版，第319页。
② 高平叔编：《蔡元培全集》（第七卷），中华书局1989年版，第319—320页。

而且还有一层,这些学生入了同文馆以后,亲戚朋友对于本人,因为他是小孩,还没有什么鄙视,对于学生们的家庭,可就大瞧不起了,说他堕落,有许多人便同他们断绝亲戚关系,断绝来往。甚而至于人家很好的儿媳妇,因她家中弟弟入了同文馆,便一家人瞧不起这个媳妇,而且因之便受了公婆之气。……因为不容易招学生,所以订立的章程,对于学生有极优的待遇。初进馆,便每一个学生每月给三两银子的膏火……其实还没有人愿来,于是把每月膏火逐渐增加,初进馆每月三两,学一二年之后,洋文有成绩者,则增至六两,再过一期增为八两,后增为十二两。彼时每月十二两银子,这个数字是很大的,一个翰林,给中堂尚书家教读,每月最多也不过八两银子。"①

同文馆学生的来源如此,学习的成绩又如何呢? 齐如山说:"自同治二年开始授课,到了光绪十年,已实在有二十年的工夫,馆中的学生,不必说造就出来了什么样的人才,总之连一个会洋文的人也没有,腐败到这样的程度,不但是笑话,简直是怪事了。以上这段话,并不是造谣言,也不是菲薄我们的同文馆。在光绪八年、九年间有军机处给总理衙门的一件公文,这篇公文,现尚在我家中保存着,是因为在西北科布多一带与俄国有交涉,需要会俄文的翻译人员,当然是由储备翻译人才的同文馆中去找。由总理衙门检了七个学生送到军机处考试,其中有一个人学过十三年之久的俄文,其余六人只学过七年,及一考试,其中只有一人能把俄文字母都念得上来,其余最多者,不过认识一半。军机处大怒,给总理衙门及同文馆来了这一件公文,把他们大申饬了一顿,其中有下边的几句话说,学洋文十余年之久,竟连字母都不认识,殊属不成事体云云。"②

齐的《回忆录》还详述了他结识梅兰芳并帮助梅提高艺术水平的经过。宣统末年、民国初年的时候,梅兰芳不过十六七岁,"可是他叫座的能力,已震动北京"。齐如山这时看过梅的几次戏,"觉着他虽然叫座之能力极大,但艺实平平,可是有他的特别长处,就是天赋太厚"。齐如山于是有意帮助

---

① 齐如山:《齐如山回忆录》,辽宁教育出版社2005年版,第29—30页。
② 齐如山:《齐如山回忆录》,辽宁教育出版社2005年版,第35—36页。

梅兰芳提高艺术水平。齐一次看梅演《汾河湾》，扮相、身段都很好，"只是在薛仁贵在窑外唱一大段时，柳迎春坐在窑内，脸朝里休息，薛仁贵唱半天，他一概不理会，俟薛唱完后才回过脸来答话。……这不但是美中不足，且可以算一个很大的毛病"。齐如山看后给梅兰芳写了一封约三千字的长信，建议在生角唱戏，从"家住绛州龙门郡"到"每日里窑中苦难尽，无奈何立志去投军"，旦角应有相应的表情。信发出后，过了十几天，齐又看了梅演的《汾河湾》，发现梅完全按照齐信中的意思做了改正，并大受观众欢迎。齐极感兴奋，从此"便想助他成为一个名角"，遂每看一回戏，必写一信，如是写百十来封。从此开始了梅齐二人二十几年的合作。梅、齐二人对艺术的执着追求与精诚合作，堪称艺术史上的一段佳话，对后之从艺者是极富教育意义的。①

（四）胡适：《四十自述》《胡适口述自传》

胡适一贯提倡写传记，但他自己始终没有写出一部完整的、全面的自传，只留下了《四十自述》和《胡适口述自传》。尽管如此，《四十自述》和《胡适口述自传》仍然是了解胡适其人的重要史料。

胡适把他头四十年的生活，分作三个阶段：留学以前为一段，留学的七年（1910—1917年）为一段，归国以后（1917—1931年）为一段。他本想一气写成，但后来只写了第一阶段的六章。《四十自述》中《序幕 我的母亲的订婚》一篇，是用小说体裁写的，其他部分的体例仍然是谨严的历史叙述。《四十自述》中有两点值得特别提出来。

第一点，严复译《天演论》和梁启超文章对胡适的影响。《自述》说："《天演论》出版之后，不上几年，便风行到全国，竟做了中学生的读物了。读这书的人，很少能了解赫胥黎在科学史和思想史上的贡献。他们能了解的只是那'优胜劣败'的公式在国际政治上的意义。在中国屡次战败之后，在庚子、辛丑大耻辱之后，这个'优胜劣败，适者生存'的公式确是

① 齐如山：《齐如山回忆录》，辽宁教育出版社2005年版，第106—113页。

一种当头棒喝，给了无数人一种绝大的刺激。"当时，许多人爱用这种名词做自己或儿女的名字。胡适在学堂里的名字是胡洪骍。后来他请他二哥给他起一个表字，他二哥提出用"物竞天择，适者生存"的"适"字，胡适很高兴，就用"适之"二字。严复译《天演论》出版以后，风靡一时，影响很大，从胡适的起名又得一例证。①

胡适还谈到了梁启超的"文章，明白晓畅之中，带着浓挚的热情，使读的人不能不跟着他走"。胡适说，梁启超的《新民说》和《中国学术思想变迁之大势》对他影响最大。那个时代读《新民说》"这样的文字，没有一个人不受他的震荡感动的。"②

第二点值得提出的是，《四十自述》中有一处大胆地暴露胡适年轻时的荒唐行为。他说，从新公学出来后，"从打牌到喝酒，从喝酒又到叫局，从叫局到吃花酒，不到两个月，我都学会了。""我那几个月之中真是在昏天黑地里胡混，有时候，整天的打牌；有时候，连日的大醉。"③他还写道，在一个晚上，他和一些人先在一家"堂子"里喝酒，喝得不少，出来又到一家去"打茶围"。结果大醉，到第二天天明时才醒过来，发觉自己睡在巡捕房的地板上。他被罚款5元，作为夜间打伤一个巡捕的养伤费。"我忍不住叹一口气，想起'天生我材必有用'的诗句，心里百分懊悔，觉得对不住我的慈母，——我那在家乡时时刻刻悬念着我，期望着我的慈母！我没有掉一滴眼泪，但是我已经过了一次精神上的大转机。"④胡适《四十自述》写于1932年。当时，胡适已经"名满天下"，仍不讳言自己年轻时的丑行，是很不容易的。

《胡适口述自传》是唐德刚根据胡适口述回忆16次录音的英文稿和唐德刚保存并经过胡适手订的残稿，对照参考，综合译出的。胡适阅历丰富，交游广泛，对政治亦有浓厚兴趣，但这本口述自传基本上谈学术，是一

①　胡适：《四十自述》，载曹伯言选编：《胡适自传》，黄山书社1986年版，第46—47页。
②　胡适：《四十自述》，载曹伯言选编：《胡适自传》，黄山书社1986年版，第47—48页。
③　胡适：《四十自述》，载曹伯言选编：《胡适自传》，黄山书社1986年版，第74—75页。
④　胡适：《四十自述》，载曹伯言选编：《胡适自传》，黄山书社1986年版，第78页。

本"辞简意赅、夫子自道的'胡适学案'"①;"不失为别开生面、自成一体的'学术'性的自传"。②

唐德刚在《写在书前的译后感》中说:"它的内容根本没有什么新鲜的材料";"它反映出胡适晚年期的思想,与他中少年期的思想简直没有什么出入——说胡适的思想前后一致也好;说胡适没有进步也好"。③ 例如,《四十自传》第七章"文学革命的结胎时期"与1934年1月发表于《东方杂志》第31卷第1期的《逼上梁山——文学革命的开始》,二者在内容上基本一样,以致唐德刚劝胡适"不要再把'逼上梁山'那套陈锅耙烂豆腐翻成英文了",④但胡适一仍其旧,没有采纳唐的建议。正是由于唐德刚说的这两点,我们反倒看出胡适在学术文化方面始终坚持的是哪些内容。总之,要了解作为学者的胡适,《四十自述》与《胡适口述自传》是必读的。

(五)杨树达:《积微翁回忆录》

杨树达(1885—1956年)是著名的语言文字学家。他的回忆录主要谈读书、研究心得以及与学界人士的来往,很少涉及当时政治、经济、社会等方面的情况。回忆录记述了大量的治学过程和心得,除具体问题外,还有一些谈论治学方法的原则性意见,例如:"余恒谓温故而不能知新者,其人必庸;不温故而欲知新者,其人必妄。"⑤又如,在获悉老友沈兼士逝世后,联想到文字学的研究,写道:"国人于文字学多逃难,偏治音韵,而兼士独治义诂。治义者海内止余与兼士二人。"挽之云:"治学耻逃难,独

---

① 唐德刚:《写在书前的译后感》,载唐德刚译:《胡适口述自传》,华文出版社1992年版,第5页。

② 唐德刚:《写在书前的译后感》,载唐德刚译:《胡适口述自传》,华文出版社1992年版,第1页。

③ 唐德刚:《写在书前的译后感》,载唐德刚译:《胡适口述自传》,华文出版社1992年版,第1页。

④ 唐德刚译:《胡适口述自传》,华文出版社1992年版,第172页。

⑤ 杨树达:《积微翁回忆录》,上海古籍出版社1986年版,第129页。

精义诂;著书方在道,遽哭先生。"①强调"义诂"的重要性,不要偏重音韵。

　　杨树达很自负,但也很坦率,不讳言这一点。1952 年 7 月 19 日,记思想改造运动中的批评与自我批评:"今日,群众意见书来,凡六条,内容为自高自大,轻视他人,专家学者思想包袱极重,强调业务学习,喜爱奉承。皆切中余病。"②从回忆录中,多处可见他的自高自大,如 1952 年 10 月 9 日:"学校评薪,最高者为第六级(七百六十分)。除五院长外,教授评此级者十人,余居其一。公布后,群众对九教授皆有微词,而于余独谓应再加一级。此群众对余之阿好也。……平心论之,余评最高级,决不为少;而与杨荣国、谭丕模同级,则认为一种侮辱也。"③对与他同辈也搞文字学的,负重名的黄侃,杨多有微词。对比他年轻几岁在当时学术思想界有很大影响的胡适,杨也看不起。1939 年 7 月 12 日:"撰《温故知新说》,温故不能知新者谓黄侃;不温故而求知新者,谓胡适也。"④但杨并非一味地自高自大,如称赞王国维:"阅王静安《殷先公先王考》。读书之密如此,可谓入化境矣。"⑤又如称赞余嘉锡:"季豫目录考证之学不唯吾乡前辈所无,亦中国向来所未有也。"⑥这些都体现了一个真正学者的服善的一面。许多大学者其实都有两面:高傲的一面与谦虚的一面。黄侃极骄傲,常常骂人,但竟拜比他略长两岁的刘师培为师,二人原先是朋友关系。

(六)吕思勉:《三反及思想改造总结》(1952 年)、
钱基博:《自我检讨书》(1952 年)

　　20 世纪 50 年代,中国有一场思想改造运动。在大学里,教授们都要做自我检查,并听取群众意见。不少人在检查中免不了要说些过头的话,

---

① 杨树达:《积微翁回忆录》,上海古籍出版社 1986 年版,第 260 页。
② 杨树达:《积微翁回忆录》,上海古籍出版社 1986 年版,第 347 页。
③ 杨树达:《积微翁回忆录》,上海古籍出版社 1986 年版,第 352 页。
④ 杨树达:《积微翁回忆录》,上海古籍出版社 1986 年版,第 152 页。
⑤ 杨树达:《积微翁回忆录》,上海古籍出版社 1986 年版,第 169 页。
⑥ 杨树达:《积微翁回忆录》,上海古籍出版社 1986 年版,第 119 页。

从严批判自己,纵使内心并不认为有那么严重。但也有极少数人基本上不做违心之论,如吕思勉和钱基博。他们的检查别具一格,有特殊的史料价值。

华东师范大学教授吕思勉(1884—1957年)把检查写成了学术自述,从小时候写起直到在上海光华大学任教授。他列举了所著的15本书,一一予以评价,如说:《秦汉史》:"此书自问,叙西汉人主张改革,直至新莽;及汉武帝之尊崇儒术,为不改革社会制度而转入观念论之开端;儒术之兴之真相;秦汉时物价及其时富人及工资之数;选举、刑法、宗教各章节,均有特色。"又评《理学纲要》:"近人论理学之作,语多隔膜,此书自谓能得其真。惟只及哲学,未及理学之政治社会方面为缺点",等等。他对自己的学术成就,有一个相当高的总估计:"少时读史,最爱《日知录》《廿二史札记》,稍长,亦服膺《十七史商榷》《癸巳类稿》,今自检点,于顾先生殊愧望尘,于余家差可肩随耳。"检讨的部分很少,只在结尾处说:"马列主义,愧未深求。近与附中李永圻君谈及。李君云:学马列主义,当分三部分:①哲学,②经济,③社会主义。近人多侈谈其③,而于①②根柢太浅。此言适中予病,当努力补修。"①

华中大学教授钱基博的检查与吕思勉相比,还要更特别一点。钱的检查非常长,好像在写小传,而且很多处都在表扬自己,而不是检查。有些说法,在当时的政治气氛下,可算十分大胆,如说:"新社会何必不与旧道德一致!""我的思想,和胡适思想不相容;而毛泽东思想中,未必不容许存在!""我认为社会主义,须看作民族文化之复活;而后社会主义,乃在中国深根不拔",等等。当检讨到个人主义时,他说:"'个人主义',是跟着西洋资本主义,一同侵袭到中国,我本不赞成,我并没有放纵我的私生活;不过自私自利,自高自大的行为,虽然尽力避免;而自私自利,自高自大的观念,并未根除净尽;这是由于我生物本能的冲动,没有理由藉口诬蔑民族文化。"承认有自私自利、自高自大的观念,而行为上则尽力避免。在"足后语"中,还有一段检查:"此外尚有一件事:自问亲美崇美思

---

① 吕思勉:《为学十六法》,中华书局2007年版,第198—205页。

想,尚非十分严重;然而对于苏联友好情绪亦不浓厚;中苏协会证书,未签署加入。"①

在当时大量的严厉批判自己的检查书中,吕、钱的两份可算是十分特殊。于此再一次证明:在历史现象中,有一般,也有特殊,治史者如能兼及二者,就不会犯片面的毛病了。

(七)季羡林:《留德十年》

有的回忆录集中一段时间,如季羡林的《留德十年》。作者生动记录了他1935—1945年留学德国的经历,其中讲到德国教授献身教育、科学事业的精神,感人至深。

季羡林回忆了他学习吐火罗语的经过。"他老人家(指德国哥廷根大学老教授西克)一定要把自己的拿手好戏统统传给我。他早已越过古稀之年。难道他不知道教书的辛苦吗?难道他不知道在家里颐养天年会更舒服吗?但又为什么这样自找苦吃呢?我猜想,除了个人感情因素之外,他是以学术为天下之公器,想把自己的绝学传授给我这个异域的青年,让印度学和吐火罗学在中国生根开花。""总之,西克教授提出了要教我吐火罗文,丝毫没有征询意见的意味,他也不留给我任何考虑的余地。他提出了意见,立刻安排时间,马上就要上课。我真是深深地被感动了,除了感激之外,还能有什么话说呢?"季羡林深受感动,刻苦学习,"学习的兴趣日益浓烈,每周两次上课,我不但不认为苦,有时候甚至有望穿秋水之感了。"②

《留德十年》还谈到了哥廷根在遭到盟军飞机轰炸时,德国一位教授的表现。在一次轰炸后,"万没有想到,我在此时竟碰到一件怪事。我正在哗啦声中,沿街前进,走到兵营操场附近,从远处看到一个老头,弯腰屈背,仔细看什么。他手里没有拿着笤帚之类的东西,不像是扫玻璃的。走

---

① 钱基博:《自我检讨书(1952)》,载《天涯》2003年第1期,第65—78页。
② 季羡林:《留德十年》,东方出版社1992年版,第96—98页。

到跟前，我才认清，原来是德国飞机制造之父、蜚声世界的流体力学权威普兰特尔教授。……他告诉我，他正在看操场周围的一段短墙，看炸弹爆炸引起的气流是怎样摧毁这一段短墙的。他嘴里自言自语：'这真是难得的机会！我的流体力学试验室里是无论如何也装配不起来的。'我陡然一惊，立刻又肃然起敬。面对这样一位抵死忠于科学研究的老教授，我还能说些什么呢？"①从季羡林所讲述的这两位德国老教授的极端敬业精神，我们可以看出德国教育、科学事业的发达和居于世界前列，是有其必然性的。

《留德十年》揭露了一批"衙内"留学生的丑恶行径。当时到欧美留学，号称"镀金"，回国后可找到待遇优厚的工作。"所以有条件的中国青年趋之若鹜。这样的机会，大官儿们和大财主们，是决不会放过的，他们纷纷把子女派来，反正老子有的是民脂民膏，不愁供不起纨绔子弟们挥霍浪费。"当时国民党大官的子女或亲属几乎都聚集在柏林，"因为这里有吃，有喝，有玩，有乐，既不用上学听课，也用不着说德国话。有一部分留学生，只需要四句简单的德语，就能够供几年之用。早晨起来，见到房东，说一声'早安！'就甩手离家，到一个中国饭馆里，洗脸，吃早点，然后打上几圈麻将，就到了吃午饭的时候。午饭后，相约出游。晚饭时回到饭馆。深夜回家，见到房东，说一声'晚安'，一天就过去了。再学上一句'谢谢！'加上一句'再见！'语言之功毕矣。我不能说这种人很多，但确实是有。"②这样的留学现象，其实不仅限于 20 世纪 30 年代，很值得深思。

（八）韦君宜:《思痛录》

上面讲了几位文人学者的回忆录。下面再介绍另一种类型，革命干部的回忆录。

韦君宜是 1936 年参加中国共产党的老党员，1949 年后曾任作家出版

---

① 季羡林:《留德十年》，东方出版社 1992 年版，第 76 页。
② 季羡林:《留德十年》，东方出版社 1992 年版，第 37—38 页。

社(后并入人民文学出版社)总编辑、社长等职。1986 年在患重病后,还写出了回忆录《思痛录》,结合自己的一生,总结历史教训,感人至深。韦君宜的回忆录主要讲事实,而把更多的理性分析留给后人。她说:"我写这本书是讲我自己的事","我只是说事实,只把事情一件件摆出来。目的也只有一个,就是让我们党永远记住历史的教训,不再重复走过去的弯路。让我们的国家永远在正确的轨道上,兴旺发达。"①作者虽然不多做分析,但书中的大量事实和具体情节自然会使读者受到启发。

关于"大跃进",许多文章、著作都讲到了生产"大跃进",其实"大跃进"是包罗各个方面的。韦君宜当时下放在怀来,回忆录生动地描绘了"诗歌运动"的情景。"我们身为下放干部,就得负责给人家改诗,还得自己作诗,我坐在那里,一会儿一首,真正是顺口溜,从嘴角顺口就溜出来了。什么'千日想,万日盼,今天才把公社建。七个乡,成一家,社会主义开红花',诗歌泛滥成灾。……后来,这一场诗歌运动越闹越大。闹到在火车上每个旅客必须交诗一首,闹到制定文学创作规划,各乡提出评比条件。这个说:'我们年产诗一万首',那个说:'我们年产长篇小说五部、剧本五部'……挑战竞赛。最后,张家口专区竟出现了一位'万首诗歌个人',或曰'万首诗歌标兵'。他一个人在一个月里就写出了一万首诗!……说文艺可以祸国殃民,我们常不服气。而像这样办文艺,真可谓祸国殃民,谁也不能说是假的。""难道我们自己就高明一些吗?我还得说,一点也不。……文联下放干部在怀来几天办了个'文艺大学'。我们就在三天之内创办了一张报纸《怀来报》。抓两个下放干部来,坐下就写,写了往一起凑,报纸出刊了,报社也成立了。"②

《思痛录》写杨述(作者的丈夫)的一生,令人倍感沉痛。韦君宜写道:"这是个老实忠厚人,有时简直老实到迂呆的程度,无论对党和对朋友。但是,他却在'三家村'被点名之后,立即作为'三家村'干将被登报在全国点了名,所受的残酷折磨和精神压迫,到了'逼得石头要说话'的

———————

① 韦君宜:《思痛录》,十月文艺出版社 1998 年版,第 1、4 页。
② 韦君宜:《思痛录》,十月文艺出版社 1998 年版,第 65—66 页。

地步，这真是个人间悲剧。"作者回忆了杨述在三年困难时期的表现："三年困难中间，他自己吃着咸菜，眼看老百姓饿得腿都浮肿了，多少人在发牢骚，在谈从农村里来的坏消息，他可是从来不谈。不论是对家里的保姆、孩子，还是对农村来的我下放时期交的农民朋友，都是一本正经地跟他们宣传党的政策——要熬过困难，要相信党。人前人后，从无二话，以至有的亲戚开玩笑说他真正是个'彻底的宣传家'，不择对象地进行宣传。"作者说："反正他就是这么一个人，真正做到了党怎么说，他就怎么想，所谓'指到哪里就打到哪里'，老老实实，不愧为'驯服工具'。……我怎么也想不到，'文化大革命'中会把这样一个人当作'反革命修正主义分子'来打，而且打得那么惨。"韦君宜还回顾了打倒"四人帮"以后，杨述渴望改正错误结论、恢复工作的情景，读来令人心酸。"他本来可以马上回来工作了，那时候精神体力都还过得去。但是还不行。多年的冤假错案积压如山，他的问题由于是过去的'中央'画过圈的，别人无权去动，就又拖了两年。这两年才是他最痛苦的时候，'四人帮'统治时得下的心血管病转化成了脑血管病——脑血栓。这个病是最忌气恼忧烦的，可是一些同难难友陆续得到解放了，只有他还是挂着，老是挂着。他心急得要死。他万万想不到'四人帮'已经垮了，却还不能把他们定的'案'完全否定。这可超出他的思想所能承受的程度。……他终于像蜡烛一样，燃烧尽了。到 1978 年 11 月，才好不容易算得到了结论——整整 12 年，受了无法言说的折磨虐待，组织上也花了巨大的人力财力，所得结果是一句：'维持原有结论。'""杨述为了这一句话，把自己的生命赔了进去。他的病情越来越严重，反复发作，脑子已经不好用，步履也艰难了。这时即使想再叫他工作，他也已不能再工作了。就这样，他终于抵挡不住死神的召唤。"[①]

---

① 韦君宜：《思痛录》，十月文艺出版社 1998 年版，第 117、121—122、132—133 页。

（九）曾志：《一个革命的幸存者——曾志回忆实录》

曾志是 1926 年入党的老党员，一位几乎经历了中国革命和建设各个历史时期的忠诚的共产主义战士。她在晚年抱着重病口述了一生的战斗经历，完成了一部 50 万字的自传。曾志说：她之所以要写回忆录，"因为我是一个革命者，一个历史的见证人"；"我有责任和义务，抓紧时间把我从呱呱坠地开始的这几十年的亲身经历和所见所闻，尽自己的记忆如实地记述下来，付梓刊行，留给后人。藉以缅怀先烈，鞭策自己，激励来者。"①

曾志的《回忆录》真切动人，质朴无华，但读者自然能从她和她战友的战斗事迹中受到深刻的教育。书中有许多生动、具体的情节，这些是从正式文件中很难看到的，它们大大充实了历史的内容，为后之治史者提供了宝贵的第一手史料。

例如，关于井冈山时期有名的黄洋界保卫战，曾志写道："井冈山上所有的群众都被动员起来了。我们留守处也不分男女老幼，就连已有七个月身孕的我，也有幸参加了这一中国革命史上著名的'黄洋界保卫战'。我们连夜到山上砍竹子，将竹子削成两头尖尖的竹签，在火上烤一下再放到尿里泡一泡，这样的竹签又硬又利。我们在敌人上山必经的地方插满了一层层的竹签，并在插满竹签地段的前边，挖了很多壕沟"。"(1928 年)8 月 30 日，当敌军向黄洋界哨口发起猛烈进攻的时候，我们就用早已准备好的朱军长在湘南打许克祥时缴获来的那两门炮和我们自制的'松树炮'狠狠地还击敌人。所谓的'松树炮'，就是将松树干挖个窟窿，里面放进黑炸药，还有破碎的铁片、碗片、玻璃等东西，然后用铁丝箍紧。用的时候，将火药从后面一点，铁片、碗片一股脑儿全发射出去，也可以打半里路那么远。……敌人连续进攻了几次都没能成功，最后丢下了

① 曾志：《一个革命的幸存者——曾志回忆实录》(上)，广东人民出版社 1999 年版，第1—2 页。

一个县长、一个团长和无数的尸体，狼狈地连夜逃回了老巢。"①毛泽东那首有名的词《西江月·井冈山》写的就是这一次黄洋界保卫战。

《回忆录》谈到了1929年曾志与毛泽东发生的一次争执，争执的是一个小问题，但反映了党的领袖的历史地位的变化这样一个大问题，很值得深思。曾志写道，1929年11月中旬的一天，陈毅到上杭苏家坡，接毛泽东回红四军。毛泽东准备回部队，但这时贺子珍已怀孕六个月，不便随军。毛泽东临出发前，找到曾志交代："我要带队伍去江西，贺子珍怀孕了，无法随我走，她留下来，由你负责照顾她。"我以为"照顾"，就是让我离开工作，专门去护理贺子珍，不由得火了："我有我的工作，哪有时间伺候她生孩子！"毛委员也生气了，大声说："就是要你照顾！""就是不照顾！"我也大声地回顶。"一定要你照顾！"毛委员坚持道。我说："我是党的干部，我有那么多的工作要做，哪能成天去护理她呢？"毛委员知道我理解错了他的意思，就缓和下来："让你照顾她，又不是让你一天到晚去护理她，不过是要你关心些罢了！"曾志这时发现自己误解了毛泽东的话，"顿感赧颜"，表示一定会照顾好贺子珍。一场争执顿时消解。"在那时，我们年轻人虽然崇敬毛委员，但却并不惧怕他，那时他是有血有肉的人，还没有变为神，所以我敢妄为与毛委员吵架！"②

当领袖有血有肉、没有变为神的时候，他与群众有密切的联系，深入实际，故能实行正确的领导，少犯错误，即使犯了错误，也能及时改正。当领袖变为神后，他就脱离了群众，不可避免地要犯独断专行的错误，并很难改正。

《回忆录》还写到了曾志为了给党筹措经费，卖掉儿子的情节，令人读来倍感沉痛。1931年曾志生下第二个儿子，"孩子满月后，逢人便笑，十分听话，人见人爱。"1932年，曾志回到厦门，原打算稍做停留后，顺便把儿子送回老家。时任厦门中心市委书记的王海萍找出种种理由劝说曾

---

① 曾志：《一个革命的幸存者——曾志回忆实录》（上），广东人民出版社1999年版，第74—75页。

② 曾志：《一个革命的幸存者——曾志回忆实录》（上），广东人民出版社1999年版，第100—101页。

志不要回家,但曾志坚持要送,最后王海萍终于吐露了实情。原来厦门中心市委急需经费,听说曾志刚生了孩子,便做出组织决定,把孩子"送"(实际是卖)给了一个姓叶的人,预收了一百块大洋,而且已用得差不多了,所以非送不可。曾志说:"这种事在今天是绝对不能设想的! 但是对那时的共产党人来说,革命利益高于一切,除了信仰之外,一切都是可以舍弃的,包括自己的鲜血和生命。"①

二、回忆录的缺陷和局限性

(1)事后追忆以前的事情,特别是年代久远之后,不可避免地会有错误。

有些错误,以常情度之,本来是不应发生的,但居然出现了。陈垣在《汪容甫〈述学〉年月日多误》一文中写道:"其《先母灵表》云:乾隆五十二年七月辛丑朔卒。按乾隆五十二年七月丙寅朔,非辛丑。语曰:父母之年,不可不知也。文为汪君所手定,何舛误至此?"②

钱穆在《八十忆双亲·师友杂忆》中说:"余又因锡予获交于陈寅恪。锡予、寅恪乃出国留学前清华同学。"③陈寅恪未在国内读过大学。汤用彤曾就读于清华学堂,1917 年毕业,1918 年赴美国留学。

何兹全在《爱国一书生·八十五自述》的自传中,把史念海列入清华、师大、燕京的一员。史念海是辅仁大学毕业的,与上述三校无关。何又把杨联升说成燕京大学出身的,实际上杨 1937 年毕业于清华大学经济系。④ 何与史、杨都是 20 世纪 30 年代北平的大学生。何出身北大;史,

---

① 曾志:《一个革命的幸存者——曾志回忆实录》(上),广东人民出版社 1999 年版,第124—125 页。

② 陈智超编注:《陈垣史源学杂文》(增订本),生活·读书·新知三联书店 2007 年版,第99 页。

③ 钱穆:《八十忆双亲·师友杂忆》,生活·读书·新知三联书店 1998 年版,第 180 页。

④ 何兹全:《爱国一书生·八十五自述》,华东师范大学出版社 1997 年版,第59 页。

辅仁；杨，清华。按道理本不应发生上述错误。

启功与柴德赓在辅仁大学和北京师范大学共事多年，彼此熟悉，但启功在《启功口述历史》中谈到柴德赓时，竟错误地说，柴被一些人"排挤出辅仁，到吴江大学（后改为苏州师范学院）去任历史系主任"。其实，柴不是"排挤出辅仁"，而是被排挤出北京师范大学，柴离开北京赴苏州上任前，那时辅仁大学已并入北京师范大学了。又，"吴江大学"应作"东吴大学"；"苏州师范学院"应作"江苏师范学院"①。

总之，回忆录之类不可能是对回忆对象的丝毫不差的再现，错误是常常发生的。

（2）回忆录总是经过筛选的、残缺不全的。后来回忆的东西，只可能是作者当年经历的一部分，有些被记住了，有些被遗忘了。记住的东西，未必都是重要的，而被遗忘的东西，也可能是重要的。记住什么，遗忘什么，情况十分复杂，因人而异。爱伦堡说："记忆力通常是保存了一些东西，而放过了另一些东西。我对童年时代、少年时代某些场景的细节至今记忆犹新，虽然它们绝不是什么最重要的东西；我记得某些人，但把另一些人忘得干干净净。记忆力像是汽车的前灯，在黑夜里，它们忽而照亮一棵树，忽而照亮一个岗棚，忽而又照亮了一个人。人们，特别是作家们，在他们合乎逻辑地、详尽地叙述自己生平的时候，经常用臆度揣测来填补空白，使人难以辨别，他的真实回忆在哪儿结束，虚构的小说又从哪儿开始。"②

有些人对有些事一直记得很清楚，但不肯写出来，因为怕对自己不利。至今，有关"反右""文革"等运动中被迫害者写的回忆录发表了不少，但很少见有人写自己如何迫害别人的回忆录。钱钟书在为杨绛《干校六记》一书所写的"小引"说，杨还漏写了一篇，篇名不妨暂定为《运动记愧》。钱说，在这次运动里（指在干校清查"五一六分子"运动——笔者注），如同在历次运动里，少不了有三类人。一类是在运动里受冤枉、挨

---

① 《启功口述历史》，北京师范大学出版社2004年版，第115页。
② ［苏］伊利亚·爱伦堡：《人·岁月·生活——爱伦堡回忆录》（上），海南出版社1999年版，第5—6页。

批斗的,他们可写"记屈"或"记愤"。第二类是一般群众,回忆时大都得写"记愧",愧的是没看清"假案""错案",或者觉得这里面有冤屈,却无胆气出头抗议,如他自己。还有第三类人,"他们明知道这是一团乱蓬蓬的葛藤账,但依然充当旗手、鼓手、打手,去大判'葫芦案'。按道理说,这类人最应当'记愧'。不过,他们很可能既不记忆在心,也无愧怍于心。他们的忘记也许正由于他们感到惭愧,也许更由于他们不觉惭愧。惭愧常使人健忘,亏心和丢脸的事总是不愿记起的事,因此也很容易在记忆的筛眼里走漏得一干二净。"①

　　还有一种情况:有些重要政治人物的回忆录的内容却十分贫乏。当我们翻开他们的回忆录,想看看他们对亲自参与的一些重大政治事件是如何叙述的时候,却只字不见。例如,20世纪30年代张伯伦任英国首相时,他的内阁有"四巨头"。张本人外,其他三巨头是哈里法克斯、西门和霍尔。张未写回忆录或自传,但留下了大量信件(致其妹的信件一大批,内容多涉及政治,少及家事)和日记。哈里法克斯、西门的回忆录,内容贫乏,与他们的政治地位很不相称。只有霍尔的回忆录《动乱的九年》还算内容丰富,有一读的价值。哈里法克斯、西门对许多重大事件避而不谈,不是由于忘了,而是他们有意把"内幕"封锁起来,以免对自己、对自己的政党不利。总之,我们不要先入为主地认为在某人的回忆录里大概一定能找到与他有密切关系的重要资料。事实是:可能找到,但也可能令我们大失所望地找不到。

　　有人认为,他在回忆录里所写的内容是最真实、最能反映他本质的。钱穆在《八十忆双亲・师友杂忆》中说:"能追忆者,此始是吾生命之真。其在记忆之外者,足证其非吾生命之真。"②卢梭在《忏悔录》中说:"我的《忏悔录》的本旨,就是要正确地反映我一生的种种境遇,那时的内心状况。我向读者许诺的正是我心灵的历史,为了忠实地写这部历史,我不需要其他记录,我只要像我迄今为止所做的那样,诉诸我的内心就成了。"③

---

①　杨绛:《干校六记》,生活・读书・新知三联书店2010年版,第1—3页。
②　钱穆:《八十忆双亲・师友杂忆》,生活・读书・新知三联书店1998年版,第364页。
③　卢梭:《忏悔录》(第二部),人民文学出版社1980年版,第344—345页。

从这类回忆录,发现事实方面的错误,并不奇怪,因为作者本人就不强调事实方面的准确。看这类回忆录,重点要放在作者的精神世界方面,而这也正是他们要读者注意的地方。

(3)回忆录不单是对过去的追忆,也掺杂了现在(即写回忆录时)的看法、思想和感情,既有过去的成分,也有现在的成分,不可认为作者回忆的纯粹是过去发生的事情。

梁启超说:"吾二十年前所著《戊戌政变记》,后之作清史者记戊戌事,谁不认为可贵之史料? 然谓所记悉为信史,吾已不敢自承。何则? 感情作用所支配,不免将真迹放大也。"①陈寅恪在《读吴其昌撰梁启超传书后》一文中也说:"子馨此书,叙戊戌政变,多取材于先生自撰之戊戌政变记。此记先生作于感情愤激之时,所言不尽实录。"②

又如,许多老年人所回忆的年轻时代的"美好时光",未必就都那样"美好"。由于怀旧思想作祟,便觉得今不如昔了。以"吃"为例,许多老年人回忆年轻时吃过的东西,常常说现在再也没有那样美味之类的话。我见到不少写新中国成立前燕京大学东门一家小馆"常三"的文章,王世襄就写过一篇充满感情的《许地山饼与常三小馆》③,盛赞这家小馆的"烹虾段""软炸里脊"等菜,甚至连常四(常三之弟)叫喊的"来一卖软炸里脊,糖醋烹"都记得清清楚楚。当年的美味不复存在,大致有几种情况:一是那样的"美味"确实现在没有了,原因是厨师的技术不如以前,再加上原材料不如以前了。二是年轻时较穷,没有吃过多少好东西,偶尔吃到,便记忆深刻。后来见世面多了,便失去了当年那种新鲜感。三是人到老年,味觉太差,消化能力也大不如前,无论吃什么好东西也不觉得"香"了,并非今天的菜就都不如过去。

回忆,不可能全是单纯的叙述,必然还有一些对既往的诠释。诠释的部分就更含有现在的成分。

(4)回忆录有相当强的主观性。回忆录既然是个人性质的,主观性

---

① 梁启超:《中国历史研究法》,东方出版社 1996 年版,第 110 页。
② 陈寅恪:《寒柳堂集》,上海古籍出版社 1980 年版,第 148 页。
③ 王世襄:《忆往说趣》,生活·读书·新知三联书店 2010 年版,第 141—144 页。

就必然存在。了解这一点，不仅不妨碍我们使用回忆录，反而有助于我们正确地利用回忆录。

何兆武说："回忆录不是学术著作，也不可以学术著作视之，读者切不可用所要求于学术著作的，来要求个人的回忆录。学术著作要有严格的客观根据，绝不能只根据作者个人的主观印象，而个人的回忆录恰恰相反，它所依据的全然是个人主观印象和感受，否则就不成其为个人的回忆录了。"他还说："你必须尽量使每个人都忠实地回忆，才能尽可能地得出真相"。① 这些话说得有相当道理。我们看回忆录，看的就是作者这个人对既往的印象和感受，至于他的看法是否正确，则是另外一个问题。有人写回忆录，大量参考过去文献，这样做有利也有弊。有利处在于可以纠正记忆中关于事实部分的错误，如时间、人物、地点，等等。弊处在于阅读过去的文献如果太多，不知不觉间就会把研讨文献的结果当作回忆来写，这样的回忆录便失去了它的本性，反倒削弱了它的价值。何兆武在《上学记》里对西南联大的几位老师写下了他的印象，也有评价。印象是否准确，评价是否恰当，是另外一个问题。何兆武坦率地写出来了，这样的回忆就有一定的史料价值，可供参考。

（5）一些回忆录有扬己贬人的缺点。"己""人"不仅是个体，也包括己方和对方的党派、团体、民族、国家，等等。这类的例子很多。丘吉尔的《第二次世界大战回忆录》不仅是为他个人树碑立传，也大肆吹嘘英国对第二次世界大战的贡献。该书的第二卷的标题是"光辉的时刻"，从1940年5月法兰西之战写起，到1940年年底英国在埃及打败意大利军队。他给第二卷定的主题是"英国人民怎样单独坚守堡垒直至过去半盲的人们作好一半的准备"（How the British people held the fort alone till those who hitherto had been half blind were half ready）。第二卷下部的标题是"单独作战"（Alone）。② 这完全是不顾事实的自吹自擂。第二次世界大战是一场世界人民反法西斯战争。1940年6月法国虽已战败，苏、美尚未参战，

---

① 何兆武：《上学记》（修订版），生活·读书·新知三联书店2008年版，第3—5页。
② ［英］丘吉尔：《第二次世界大战回忆录》第二卷上部、第二卷下部，商务印书馆1975年版。

但无论如何也不能说只有英国单独作战。中国人民早自 1937 年就已英勇抗击日本侵略者了,难道中国抗日战争不算第二次世界大战的一个组成部分吗? 丘吉尔为什么视而不见呢? 不仅如此,那时英、法正在西方对德、意实行绥靖政策,在东方对日本实行绥靖政策。美国则向日本输出钢铁、石油等重要军事物资。它们都在不同程度上帮助了日本的侵华战争。

有的人为了抬高自己,竟歪曲事实,把别人的著作攘为己有。张之洞的《书目答问》是一部目录学名著,但曾经流传不是他自著的,而是缪荃孙代撰的。造成这种流传的起因,是《艺风年谱》(按:系缪自订——笔者注)"光绪元年"条云:"八月,执贽张孝达先生门下受业,命撰《书目答问》四卷。"(按:年谱发表时张已去世——笔者注)自言《答问》出自其手。陈垣在《艺风年谱与书目答问》一文中,[①]有力地驳斥了缪"代撰"的说法。陈文指出,光绪三十四年缪荃孙自己曾说同治甲戌南皮师相督学四川时著《书目答问》,他"随同助理"。(按:此时张尚在世)陈垣还得到光绪二年张之洞致王懿荣手札,内称在蜀刊《书目答问》,意在开阔生童见闻,寄上一本请王补正,并请王转交缪小珊(荃孙字)一本,"属其订正"。可见,缪于《答问》一书,只起过"助理""订正"的作用,而非"代撰"。

利用回忆录,贬低、打击别人的事,也是常有的。例如尼克松在回忆录中谈到 1960 年他同肯尼迪竞选总统的事,写道:"1960 年选举是有大量舞弊行为,得克萨斯和伊利诺斯是舞弊最严重同时也是搞得最明目张胆的两个例子。比如,得克萨斯有个县,登记投票的只有 4895 人,计出的选票居然有 6138 张。"他还写道:"肯尼迪的竞选组织干起丑事来,有其独特的流氓味,它可以若无其事大模大样地干,使得多少政客甘拜下风,还使得多少好议人非的记者自叹弗如。"[②]但是,尼克松本人的政治操守又如何呢? 后来的"水门事件"不也说明他"使得多少政客甘拜下风"吗?

回忆录虽然有上述种种缺陷和局限性,但不可全盘否定。钱钟书在

---

① 陈智超主编:《陈垣全集》(第七册),安徽大学出版社 2009 年版,第 528—531 页。
② [美]尼克松:《尼克松回忆录》(上册),商务印书馆 1997 年版,第 290—291 页。

1997 年 9 月致黄裳的信中说："弟此番在美，睹博士论文及拙作译本小传，语多不经。一作者自加拿大来见，问之，则云曾至港台，遍访弟师友，采撷轶闻，弟乃知自传不可信，相识回忆亦不可信。古来正史野史，均作如是观。"①钱钟书还在《诗可以怨》一文中说："当然，'脱空经'（指虚诳、撒谎——笔者注）的花样繁多，不仅是许多抒情诗文，譬如有些忏悔录、回忆录、游记甚至于国史，也可以归入这个范畴。"②这些话是极而言之。对回忆录之类的作品，全信不可；全不信亦不可，无论如何其中还是有不少东西可作为史料使用的。

　　总之，我们应当使用官、私多种类型的史料，互相参照比较，进行分析综合，庶几可以接近历史的真相。

（原载《史学理论与史学史学刊》2011 年卷）

---

① 钱钟书：《钱钟书散文》，浙江文艺出版社 1997 年版，第 417 页。
② 钱钟书：《钱钟书散文》，浙江文艺出版社 1997 年版，第 330 页。

第 五 讲

谈小说的史料价值

随着历史研究的深入和范围的扩大,可取用的史料也越来越多。翦伯赞说:"中国文献学上的史料之丰富,正如一座无尽的矿山,其中蕴藏着不可以数计的宝物。……例如史部以外之群书上的史料,特别是历代以来文艺作品中的史料,并没有系统地发掘出来,应用于历史的说明。"[1] 在文艺作品中,诗词歌赋、小说戏剧,都含有丰富的史料。本文专谈小说的史料价值,首先引述中外各家的论点,然后分五方面举例说明。[2]

恩格斯在谈到巴尔扎克的《人间喜剧》时,有一段名言:"他(指巴尔扎克——笔者注)在《人间喜剧》里给我们提供了一部法国'社会',特别是巴黎'上流社会'的卓越的现实主义历史,他用编年史的方式几乎逐年地把上升的资产阶级在 1816—1848 年这一时期对贵族社会日甚一日的冲击描写出来,这一贵族社会是在 1815 年以后又重整旗鼓的,并尽力重新恢复旧日法国生活方式的标准。他描写了这个在他看来是模范社会的最后残余怎样在庸俗的、满身铜臭的暴发户的逼攻之下逐渐屈服,或者被

---

① 翦伯赞:《史料与史学》,北京出版社 2005 年版,第 21 页。
② "小说"在中国古代文献中,原指非关大道的琐屑之言。(见《庄子·外物》《汉书·艺文志》)魏晋南北朝时期出现了初具规模的小说作品,唐人开始有意识地创造有虚构故事情节的小说。本文所谈的小说,包括中国的和外国的,主要指以散文体形式表现的叙事性虚构文类。

这种暴发户所肢解……围绕着这幅中心图画，他汇集了法国社会的全部历史，我从这里，甚至在经济细节方面（诸如革命以后动产和不动产的重新分配）所学到的东西，也要比从当时所有职业的史学家、经济学家和统计学家那里学到的全部东西还要多。"①

我国学者也认为虚构的小说能反映真实的历史。梁启超较早地注意到小说的史料价值，说："中古及近代之小说，在作者本明告人以所纪之非事实；然善为史者，偏能于非事实中觅出事实。例如《水浒传》中'鲁智深醉打山门'，固非事实也。然元明间犯罪之人得一度牒即可以借佛门作逋逃薮，此却为一事实。《儒林外史》中'胡屠夫奉承新举人女婿'，固非事实也。然明清间乡曲之人一登科第，便成为社会上特别阶级，此却为一事实。此类事实，往往在他书中不能得，而于小说中得之。须知作小说者无论骋其冥想至何程度，而一涉笔叙事，总不能脱离其所处之环境，不知不觉，遂将当时社会背景写出一部分以供后世史家之取材。"②陈寅恪也肯定小说可以证史。他在《唐代政治史述论稿》中，谈到康骈《剧谈录》所记元稹见李贺之事不实时说："剧谈录所记多所疏误，自不待论。但据此故事之造成，可推见当时社会重进士轻明经之情状，故以通性之真实言之，仍不失为珍贵之社会史料也"③据他的学生石泉、李涵追忆，陈寅恪认为："小说亦可作参考，因其虽非个性的真实，但有通性的真实。"④又据石泉追忆，陈寅恪还讲道："有些小说中所叙之人与事，未必实有，但此类事，在当时条件下，则诚有之。……例如《水浒传》中之'祝家庄'，有无此庄并以'祝'为名，颇难确证，但像祝家庄这类由地主自组武装，并收纳'庄客'之事，则在宋元时，乃是现实。……《太平广记》中记述一系列短篇小说也反映中唐至五代时社会情况。"⑤杨绛说："明容与堂刻《水浒

①　《马克思恩格斯选集》（第4卷），人民出版社1995年版，第683—684页。

②　梁启超：《中国历史研究法》，东方出版社1996年版，第60—61页。

③　陈寅恪：《唐代政治史述论稿》，上海古籍出版社1980年版，第84页。

④　石泉、李涵：《听寅恪师唐史课笔记一则》，载《纪念陈寅恪先生诞辰百年学术论文集》，江西教育出版社1994年版，第33页。

⑤　石泉：《先师寅恪先生治学思路与方法之追忆（补充二则）》，载《陈寅恪与二十世纪中国学术》，浙江人民出版社2000年版，第157页。

传》卷首《水浒一百回文字优劣》劈头说:'世上先有《水浒传》一部,然后施耐庵、罗贯中借笔墨拈出,若夫姓某名某,不过凭空捏造,以实其事耳。'这段话把事实、故事、真实的关系,说得最醒豁。'凭空捏造,以实其事',就是说,虚构的故事能体现普通的真实。"①杨绛还引西方文论家的话:"一件虚构的事能表达普遍的真理"(a particular fiction can lead towardsa general truth)②。

以上诸家从原则上讲清了小说能够反映历史真实,故可以作为史料使用。下面从五个方面举例具体说明小说是如何反映历史情况的。

(一)反映一个历史时期的社会全貌或一部分
(道德标准、风气习惯等)

例一。法国小说家巴尔扎克在《人间喜剧》这个总标题下写了91部小说(包括已发表的和已脱稿的),被称为"社会百科全书"。它展示了19世纪前半叶,特别是复辟王朝时期的整个法国社会。巴尔扎克在《人间喜剧·导言》中写道:"法国社会将成历史家,我不过是这位历史家的书记而已。开列恶癖与德行的清单,搜集激情的主要事实,描绘各种性格,选择社会上重要事件,结合若干相同的性格上的特点而组成典型,在这样做的时候,我也许能够写出一部史学家们忘记写的历史,即风俗史"。③ 拿破仑帝国取消后,封建王朝虽然复辟,但资产阶级的经济力量继续以不可阻挡之势向前发展,日甚一日地打击封建贵族,"上流社会"的崩溃已不可避免。金钱是当时压倒一切的力量。马克思和恩格斯在《共产党宣言》中说:"资产阶级在它已经取得了统治的地方把一切封建的、宗法的和田园诗般的关系都破坏了。它无情地斩断了把人们束缚于

---

① 杨绛:《事实——故事——真实》,载《杨绛作品集》(第三卷),中国社会科学出版社1993年版,第155页。

② 杨绛:《事实——故事——真实》,载《杨绛作品集》(第三卷),中国社会科学出版社1993年版,第152—153页。

③ 转引自罗大冈:《关于巴尔扎克》,载《罗大冈学术论著自选集》,北京师范学院出版社1991年版,第361—362页。

天然尊长的形形色色的封建羁绊,它使人和人之间除了赤裸裸的利害关系,除了冷酷无情的'现金交易',就再也没有任何别的联系了。它把宗教虔诚、骑士热忱、小市民伤感这些情感的神圣发作,淹没在利己主义打算的冰水之中。它把人的尊严变成了交换价值,用一种没有良心的贸易自由代替了无数特许的和自力挣得的自由。""资产阶级撕下了罩在家庭关系上的温情脉脉的面纱,把这种关系变成了纯粹的金钱关系。"①马克思、恩格斯揭示的资本主义社会中金钱决定一切的本质,巴尔扎克在《人间喜剧》里用文学的形象表现出来。在《贝姨》这部小说里,趁法国大革命之机暴发起来的老花粉商克勒凡当他的亲家母阿特丽纳向他借 20 万法郎时,他有一段妙论:"呃,老妈妈,你以为巴黎能有一个人,单凭一个差不多神经错乱的女人一句话,就会当场立刻,在一口抽斗里或随便哪里抓起二十万法郎来吗? 而二十万法郎又早已乖乖的恭候在那儿,但等你伸手去拿是不是? ……在巴黎,除了法兰西银行殿下,除了大名鼎鼎的纽沁根,或者疯魔金钱像我们疯魔女人一样的守财奴,此外就没有一个人能造出这样的奇迹! 哪怕是王上的私人金库,也要请你明日再跑一趟。大家都在把自己的钱周转运用,尽量的多捞几文。亲爱的天使,你真是一厢情愿了;你以为路易·腓列伯能控制这些事情吗? ……他跟我们一样的知道:在大宪章之上还有那圣洁的,人人敬重的,结实的,可爱的,妩媚的,美丽的,高贵的,年轻的,全新的,五法郎一枚的洋钱! 钱是要利息的,它整天都在忙着收利息。"②

巴尔扎克写了新兴资产阶级的上升地位。在《欧也妮·葛朗台》这部小说里,葛朗台这个满身铜臭的暴发户成为地方上权力的象征和众人膜拜的对象。"葛朗台的一举一动都像是钦定的,到处行得通;他的说话,衣着,姿势,瞪眼睛,都是地方上的金科玉律;大家把他仔细研究,像自然科学家要把动物的本能研究出它的作用似的,终于发现他最琐屑的动作,也有深邃而不可言传的智慧。"③在小说《纽沁根银行》中,巴尔扎克刻

---

① 《马克思恩格斯选集》(第 1 卷),人民出版社 1995 年版,第 274—275 页。
② 〔法〕巴尔扎克:《贝姨》,人民文学出版社 1954 年版,第 487—488 页。
③ 〔法〕巴尔扎克:《欧也妮·葛朗台》,人民文学出版社 1978 年版,第 8 页。

画了纽沁根这个心狠手辣的银行家如何用倒账清理的手段掠夺千家万户的财产,"这头金融界的巨象会把议员卖给内阁,把希腊人卖给土耳其人。"①

巴尔扎克还在长篇小说《幻灭》中,深刻揭露了资产阶级新闻出版业的唯利是图和虚伪宣传,而这是19世纪其他作家很少触及的。他借书中一个人物的口说:"报纸是用说话作商品的铺子,专拣群众爱听的话向群众推销。要是有一份给驼背看的报,准会从早到晚说驼背怎么美,怎么善,怎么必要。报纸的作用不再是指导舆论,而是讨好舆论。过了相当时期,所有的报纸都要变成无耻,虚伪,下流,都要撒谎,甚至于行凶;扼杀思想,制度,人物;而且靠着这种行为一天天的发达。""为了招揽订户,不惜造出激动人心的谎话,做出逗笑的把戏,像有名的丑角鲍贝希。办报的宁可拿自己的老子活活的开刀,作为取笑的资料,决不放过吸引群众,叫群众开心的机会"。② 被刺痛的新闻出版界对巴尔扎克发动攻击,此后不断对他的作品进行攻讦。

巴尔扎克的政治立场是同情贵族的,但他的现实主义的创作态度使他依然毫不留情地对这个注定要灭亡的阶级给予尖刻的嘲笑和辛辣的讽刺。在小说《古物陈列室》里,巴尔扎克生动地描绘了德·埃斯格里尼翁侯爵的根深蒂固的特权思想和门第观念。他虽已家道败落,又对经营产业一窍不通,但仍然鄙视新兴的资产阶级,拒绝他们进入他的客厅。他寄予厚望的儿子德·埃斯格里尼翁伯爵把放荡享乐视为贵族子弟的天然权利,在巴黎一年,便挥霍了够一个普通家庭生活一辈子的10万法郎,欠下20万债务,还伪造证券诈骗了30万法郎。年轻伯爵的所作所为,象征着贵族阶级的灭亡已是无可挽回了。

巴尔扎克还揭露了金钱如何把亲情剥得一干二净。在《高老头》中,高老头的两个女儿为了钱财和享乐,像挤柠檬一样把父亲榨干后就弃之不顾,最后高老头穷死在伏盖公寓的阁楼里。在《夏倍上校》中,夏倍上

---

① [法]巴尔扎克:《纽沁根银行》,百花文艺出版社2004年版,第14页。
② [法]巴尔扎克:《幻灭》,人民文学出版社1978年版,第294—296页。

校的妻子为了吞没和霸占丈夫的财产，竟要置他于死地。

例二。从《莺莺传》看唐代士大夫的道德标准和社会风习。唐代元稹写了一篇有名的小说《莺莺传》，又称《会真记》，传中的张生实即他自己的写照。陈寅恪在《读莺莺传》一文中，首先释义"会真"一词。他说，会真即遇仙或游仙之意。唐代，仙（女性的仙）之一名，多用作妖艳妇人，或风流放诞之女道士之代称，亦竟有以之目倡伎者。此传写张生对崔莺莺始乱终弃的故事，最后还有一段张生自我辩解的"忍情"说：张曰"大凡天之所命尤物也，不妖其身，必妖于人。……昔殷之辛，周之幽，据百万之国，其势甚厚。然而一女子败之。溃其众，屠其身，至今为天下僇笑。予之德不足以胜妖孽，是用忍情。""时人多许张为善补过者。"元稹为什么敢这样公开地文过饰非呢？陈寅恪认为，从"会真"一词，可推断崔莺莺所出必非高门。"若莺莺果出高门甲族，则微之无事更婚韦氏。惟其非名家之女，舍之而别娶，乃可见谅于时人。盖唐代社会承南北朝之旧俗，通以二事评量人品之高下。此二事，一曰婚，二曰宦。凡婚而不娶名家女，与仕而不由清望官，俱为社会所不齿。……但明乎此，则微之所以作莺莺传，直叙其自身始乱终弃之事迹，绝不为之少惭，或略讳者，即职是故也。……舍弃寒女，而别婚高门，当日社会所公认之正当行为也。否则微之为极热衷巧宦之人，值其初具羽毛，欲以直声升朝之际，岂肯作此贻人口实之文，广为流播，以自阻其进取之路哉？"①陈寅恪通过以上诠释，说明《莺莺传》反映了唐代士大夫的道德标准和社会风尚，评价"此传亦是贞元朝之良史料，不仅为唐代小说之杰作是也。"

类似陈文，取材笔记小说以说明一代某种风气者，还有严耕望著《唐人习业山林寺院之风尚》等文，可阅。②

例三。清末李宝嘉写的小说《官场现形记》揭露了清朝官场的贪污、腐败和种种黑暗。胡适称这部小说为"一部社会史料"③，说它"虽然有过分的描写与溢恶的形容，虽然传闻有不实不尽之处，然而就大体上论，我

① 陈寅恪：《元白诗笺证稿》，古典文学出版社1958年版，第112—116页。
② 严耕望：《严耕望史学论文选集》（上），中华书局2006年版，第232—271页。
③ 胡适：《官场现形记序》，载《中国章回小说考证》，上海书店1980年版，第439页。

们不能不承认这部《官场现形记》里大部分的材料可以代表当日官场的实在情形。"①例如，第26回写贾大少爷为了准备皇上召见，事先请教几位军机大臣，结果只听到了一些模棱两可、令人摸不着头脑的话，描写十分生动。贾大少爷"看看已到了引见之期，头天赴部演礼，一切照例依注，不庸细述。这天贾大少爷起了一个半夜，坐车进城。……一直等到八点钟，才由带领引见的司官老爷把他们带了进去。不知道走到一个什么殿上，司官把袖子一摔，他们一班几个人在台阶上一溜跪下。离着上头约有二丈远，晓得坐在上头的就是当今了。……他是道班，又是明保的人员，当天就有旨叫他第二天预备召见。……贾大少爷虽是世家子弟，然而今番乃是第一遭见皇上，虽然请教过多人，究竟放心不下。当时引见了下来，先见着华中堂。华中堂是收过他一万银子古董的，见了面问长问短，甚是关切。后来贾大少爷请教他道：'明日召见，门生的父亲是现任臬司，门生见了上头要碰头不要碰头？'华中堂没有听见上文，只听得'碰头'二字，连连回答道：'多碰头，少说话，是做官的秘诀。'贾大少爷连忙分辩道：'门生说的是：上头问着门生的父亲，自然要碰头；倘若问不着，也要碰头不要碰头？'华中堂道：'上头不问你，你千万不要多说话。应该碰头的地方又万万不要忘记不碰；就是不该碰，你多磕头总没有处分的。'一席话说得贾大少爷格外糊涂，意思还要问，中堂已起身送客了。

贾大少爷只好出来。心想：华中堂事情忙，不便烦他，不如去找黄大军机。……谁知见了面，贾大少爷把话才说完，黄大人先问：'你见过华中堂没有？他怎么说的？'贾大少爷照述一遍。黄大人道：'华中堂阅历深，他叫你多碰头，少说话，老成人之见，这是一点不错的。'两句话亦没有说出个道理。

贾大少爷无法，只得又去找徐大军机。这位徐大人上了年纪，两耳重听；就是有时候听得两句也装作不知。他平生最讲究养心之学，有两个诀窍：一个是不动心；一个是不操心。……后来他这个诀窍被同寅中都看穿了，大家就送他一个外号，叫他做'琉璃蛋'。他到此更乐得不管闲

---

① 胡适：《官场现形记序》，载《中国章回小说考证》，上海书店1980年版，第441页。

事。……

这日贾大少爷因为明天召见不懂规矩，虽然请教过华中堂、黄大军机，都说不出一个实在，只得又去求教他。见面之后，寒暄了两句，便提到此事。徐大人道：'本来多碰头是顶好的事；就是不碰头也使得。你还是应得碰头的时候你碰头；不应得碰头的时候，还是不必碰的为妙。'贾大少爷又把华、黄二位的话述了一遍。徐大人道：'他两位说的话都不错，你便照他二位的话看事行事最妥。'说了半天，仍旧说不出一毫道理。又只得退了下来。

后来一直找到一位小军机……才把仪注说清。第二天召见上去，居然没有出岔子。"①

小说中徐大军机的原形可能是王文韶。王文韶是清末扬历中外的大官，为人有名圆滑。何刚德在其笔记《春明梦录》中说："王文勤（文韶谥）人极圆通，人以琉璃球目之。"②龙顾山人《庚子诗鉴》亦谓"王文勤再入枢府，遇事但持大体，时有琉璃球之目。"③

鲁迅把《官场现形记》归入清末谴责小说一类，认为其"度量技术"远不如讽刺小说《儒林外史》，"殊不足望文木老人后尘"。④ 不过，《官场现形记》对于了解晚清的官场政治与社会仍具有相当的史料价值。

（二）典型环境中的典型人物

例一。吴敬梓著《儒林外史》，刻画了范进这样一个通过科举考试向上爬的典型人物。中国明清两朝实行以八股取士的科举制度。封建统治者推行八股制义，把读书和升官发财直接联系起来，因此读书人醉心举业，认为"人生世上，除了这事，就没有第二件可以出头"。书中写范进从

---

① 李宝嘉：《官场现形记》（上），人民文学出版社1978年版，第423—425页。

② 何刚德：《春明梦录·客座偶谈》，上海古籍书店1983年版，第28页。何刚德为光绪进士，曾任京曹十多年，后出任江西建昌和江苏苏州等知府。

③ 载《中和月刊》第二卷第一期，1941年1月1日。

④ 鲁迅：《中国小说史略》，东方出版社1996年版，第231—233页。

考中秀才到考中举人这一过程最为精彩,淋漓尽致地揭露了科举制度对人心的腐蚀和世态炎凉。范进以童生资格去考秀才,从 20 岁起应考了二十多次,到 54 岁还在应考,终于考中。以后又考中举人,得知中举后因狂喜而一度中风。范进中秀才前无人理睬,连他岳父胡屠夫也鄙视他,中秀才后胡屠夫对他稍稍改变了一点态度,但仍是看不起他。可范进一旦中举,胡屠夫便说他女婿是"天上的星宿",尊称他"贤婿老爷"。范进中举前,穷得抱着鸡到集市上去卖,乡试中试后立即暴发。"果然有许多人来奉承他:有送田产的,有人送店房的,还有那些破落户,两口子来投身为仆图荫庇的。到两三个月,范进家奴仆、丫鬟都有了,钱、米是不消说了。"通过科考,能猎取富贵,故"举业"被读书人视为神圣。《儒林外史》通过选家马纯上之口说:"举业二字,是从古及今人人必要做的。就如孔子生在春秋时候,那时用'言扬行举'做官,故孔子只讲得个'言寡尤,行寡悔,禄在其中',这便是孔子的举业。讲到战国时,以游说做官,所以孟子历说齐梁,这便是孟子的举业。到汉朝用'贤良方正'开科,所以公孙弘、董仲舒举贤良方正,这便是汉人的举业。到唐朝用诗赋取士,他们若讲孔孟的话,就没有官做了,所以唐人都会做几句诗,这便是唐人的举业。到宋朝又好了,都用的是些理学的人做官,所以程、朱就讲理学,这便是宋人的举业。到本朝用文章取士,这是极好的法则。就是夫子在而今,也要念文章、做举业,断不讲那'言寡尤,行寡悔'的话。何也? 就日日讲究'言寡尤,行寡悔',哪个给你官做? 孔子的道也就不行了。"①鲁迅说:"其议论,则不特尽揭当时对于学问之见解,且洞见所谓儒者之心肝者也。"《儒林外史》典型地再现了明清封建社会士子追求功名富贵的生活真实,鲁迅给予高度的评价:"秉持公心,指摘时弊,机锋所向,尤在士林;其文又戚而能谐,婉而多讽,于是说部中乃始有足称讽刺之书。"②

　　例二。巴尔扎克著《欧也妮·葛朗台》,刻画了葛朗台这样一个资产阶级守财奴的典型。

---

①　吴敬梓:《儒林外史》,人民文学出版社 1977 年版,第 47、167—168 页。
②　鲁迅:《中国小说史略》,东方出版社 1996 年版,第 175—177 页。

　　1789 年法国革命爆发时，葛朗台是一个富裕的箍桶匠。后来共和政府在索漠地区标卖教会财产，他靠贿赂标卖监督官以廉价买到了区里最好的葡萄园、一座老修道院和几块分种田。一度还当过索漠区区长。葛朗台精于敛财，"投机事业从没失败过一次，酒桶的市价比酒还贵的时候，他老是有酒桶出卖，他能够把酒藏起来，等每桶涨到两百法郎才抛出去，一般小地主却早已在一百法郎的时候脱手了。""那有名的 1811 年的收成，他乖乖的囤在家里，一点一滴的慢慢卖出去，挣了二十四万多法郎。"①装聋作哑，是他做生意的一种狡诈手段。用来叫敌手不耐烦，逼对方老是猜他要说什么，而忘掉了自己的观点。他虽是地方的首富（死后留下 2700 万法郎的巨额财产），但异常吝啬。给他妻子的费用，每次从不超过 6 法郎。每天早上他要亲自分发面包和食物。每年十一月初一才允许他的妻子和独生女儿欧也妮搬到壁炉旁边取暖过冬，到三月三十一日就要熄掉，不管春寒也不管早秋的凉意。他只认得金钱，把亲情剥得一干二净。他的弟弟因破产而自杀，把儿子查理打发到他家。老葛朗台告诉查理他父亲自杀时，是这样说的："他把你的家败光了，你一个钱也没有了。"查理闻噩耗而痛哭，葛朗台竟说："可是这孩子没出息，把死人看得比钱还重。"②欧也妮把价值 6000 法郎的各式各样的金币（这是她父亲历年送给她的礼物，但绝对不许动用）赠给了她的堂弟，老葛朗台发现后暴跳如雷，把他女儿关在房里，罚她只许吃冷水和面包。书中写葛朗台临终前的一幕极为精彩。"末了，终于到了弥留时期，那几日老头儿结实的身子进入了毁灭的阶段。他要坐在火炉旁边，密室之前。他把身上的被一齐拉紧，裹紧，嘴里对拿侬（唯一女仆的名字——笔者注）说着：'裹紧，裹紧，别给人家偷了我的东西。'他所有的生命力都退守在眼睛里了，他能够睁开眼睛的时候，立刻转到满屋财宝的密室门上。'在哪里吗？在那里吗？'问话的声音显出他惊慌得厉害。'在哪里呢，父亲。''你看住金子！……拿来放在我面前！'欧也妮把金路易铺在桌上，他几小时的用眼

---

　　① ［法］巴尔扎克：《欧也妮·葛朗台》，人民文学出版社 1978 年版，第 7 页。
　　② ［法］巴尔扎克：《欧也妮·葛朗台》，人民文学出版社 1978 年版，第 72 页。

睛盯着,好像一个才知道观看的孩子呆望着同一件东西;也像孩子一般,他露出一点儿很吃力的笑意。有时他说一句:'这样好教我心里暖和!'脸上的表情仿佛进了极乐世界。"在本区教士给他做临终法事的时候,"神甫把镀金的十字架送到他唇边,给他亲吻基督的圣像,他却作了一个骇人的姿势想把十字架抓在手里,这一下最后的努力送了他的命。他唤着欧也妮,欧也妮跪在前面,流着泪吻着他已经冰冷的手,可是他看不见。'父亲,祝福我啊。''把一切照顾得好好的!到那边来向我交账!'这最后一句证明基督教应该是守财奴的宗教。"①

(三)折射出真实的历史事件

例一。从《续玄怪录》看唐宪宗被弑事。陈寅恪在《顺宗实录与续玄怪录》一文中,指出永贞内禅和宪宗被弑是晚唐的两大事变,是阉党之深讳大忌,故韩愈撰写的《顺宗实录》对此不敢不有所避讳。幸赖有李复言的《续玄怪录》,才能窥知宪宗被弑的真相。陈文在引征了《续玄怪录》"辛公平上仙"条后,写道:"复言假道家'兵解'之词,以纪宪宗被弑之实,诚可谓'微而显,志而晦,婉而成章'者矣(此语见杜预《春秋左氏经传集解·序》)。唐代自中叶以后,凡值新故君主替嬗之际,宫禁之中,几例有剧变,而阉宦实为此剧变之主动者。外廷之士大夫,则是官禁之中阉宦党派斗争时及决胜后可怜之附属物与牺牲品耳! 有唐一代之政治史中,此点关系至钜,特宫禁事秘,外间本不易知,而阉人复深忌甚讳,不欲外廷有所得闻。宪宗为中兴之英主,其声望更不同于他君,故元和一代,其君主与阉人始终之关系,后来之宦官尤欲隐秘之,以免其族类为士大夫众矢之的也。""然则永贞内禅及宪宗被弑之二大事变,即元和一代,其君主与宦官始终之关系,实为穆宗以后阉党之深讳大忌,故凡记载之涉及者,务思芟夷改易,绝其迹象。李书此条实乃关于此事变幸存之史料,岂得以其为

---

① [法]巴尔扎克:《欧也妮·葛朗台》,人民文学出版社1978年版,第160—161页。

小说家言,而忽视之耶?"①

卞孝萱在《控诉唐顺宗被弑的〈辛公平上仙〉》一文中,也承认"小说《辛公平上仙》影射一位皇帝被弑,这是没有疑问的。"但卞孝萱认为被弑的是唐顺宗,而非唐宪宗。②

例二。从《桃花源记》看十六国时的坞壁。《桃花源记》是一篇脍炙人口的短篇小说,寓言的性质十分明显。但陈寅恪认为,《桃花源记》既是寓意之文,也是纪实之文。其寓意之文,古今所知;故专就纪实一点立说,别拟新解,成《桃花源记旁证》一文。③ 陈寅恪在文中说:西晋末年戎狄盗贼并起,中原避难之人民或远离本土迁至他乡,"其不能远离本土迁至他乡者,则大抵纠合宗族乡党,屯聚堡坞,据险自守,以避戎狄寇盗之难。"当时有许多堡坞,虽亦有在平地者,但多在"山势险峻之区,人迹难通之地",因"非此不足以阻胡马之陵轶,盗贼之寇抄也。凡聚众据险者因欲久支岁月及给养能自足之故,必择险阻而又可以耕种及有水泉之地,其具备此二者之地必为山顶平原,及溪涧水源之地。此又自然之理也。"陈寅恪还认为:"真实之桃花源在北方之弘农,或上洛,而不在南方之武陵。""真实之桃花源居人先世所避之秦乃苻秦,而非嬴秦。"总之,陈氏"钩索旧籍,取当日时事及年月地理之记载",说明《桃花源记》这篇小说反映的是"十六国"时期北方人民屯聚坞堡、据险自守的历史情况。唐长孺认为,"陈先生所论,在说明当时常见的避难入山之事,与《桃花源记》所述有关的一方面,观察非常敏锐。"④但唐长孺以为,《桃花源记》所述故事,是根据武陵蛮族的传说;陶渊明所说的"乱"是指繁重的赋役压迫。唐长孺对《桃花源记》所反映的具体历史情况的解释,与陈寅恪有所不同,但也认为《桃花源记》有纪实的成分。此外,严耕望撰有《中古时代之

① 陈寅恪:《金明馆丛稿二编》,上海古籍出版社1980年版,第75、80—81页。
② 卞孝萱:《唐人小说与政治》,鹭江出版社2005年版,第247—258页。
③ 陈寅恪:《金明馆丛稿初编》,上海古籍出版社1980年版,第168—179页。
④ 唐长孺:《读〈桃花源记旁证〉质疑》,载《魏晋南北朝史论丛稿》(外一种),河北教育出版社2000年版,第622—635页。

仇池山》一文,亦论及坞堡城守之事,可参看。①

例三。《聊斋志异》记清兵在山东的屠杀。《聊斋志异》是一部小说,内容多半谈鬼狐故事,但其中也有一些条假借谈鬼说狐,反映了清兵入关后在山东屠杀人民的历史事实。牟润孙在《〈聊斋志异〉所记清兵在山东的屠杀》一文中,据1962年中华书局的会校会注会评本,指出"鬼隶""公孙九娘""鬼哭"三条反映了清兵在济南、栖霞、莱阳、淄川等地的大规模屠杀人民。② 原文论证甚详,这里不再赘述。

(四)觇人情而征人心

钱钟书说:"司马光《传家集》卷六三《答范梦得》谓'实录正史未必皆可据,野史小说未必皆无凭',故其撰《通鉴》,采及'野史小说'。夫稗史小说、野语街谈,即未可凭以考信人事,亦每足据以觇人情而征人心,又光未申之也义。"③

例一。清夏敬渠著《野叟曝言》。书中的主角文白,字素臣,"文功武烈,并萃一身,天子崇礼,号曰'素父'"。鲁迅说:"凡人臣荣显之事,为士人意想所能及者,此书几毕载矣,唯尚不敢希帝王。""可知衒学寄慨,实其主因,圣而尊荣,则为抱负……意既夸诞,文复无味,殊不足以称艺文,但欲知当时所谓'理学家'之心理,则于中颇可考见。"④

例二。《聊斋志异》对秀才入闱心态的生动描写。《聊斋志异》"王子安"条,写一个困于场屋的东昌名士王子安。他入闱后,期望甚切。"近放榜时,痛饮大醉,归卧内室。"醉后,狐扮报人和长班来戏弄他,而他以为真的中了进士,点了翰林。这一条的"七似",堪称刻画秀才入闱心态变化的经典之作。"秀才入闱,有七似焉:初入时,白足提篮,似丐。唱名时,官呵隶骂,似囚。其归号舍也,孔孔伸头,房房露脚,似秋末之冷蜂。

---

① 严耕望:《严耕望史学论文选集》(上),中华书局2006年版,第122—131页。
② 牟润孙:《注史斋丛稿》(增订本)(下),中华书局2009年版,第553—561页。
③ 钱钟书:《管锥编》(第一册),中华书局1996年版,第271页。
④ 鲁迅:《中国小说史略》,东方出版社1996年版,第196—197页。

其出场也,神情惝悦,天地异色,似出笼之病鸟。迨望报也,草木皆惊,梦想亦幻。时作一得志想,则顷刻而楼阁俱成;作一失志想,则瞬息而骸骨已朽。此际行坐难安,则似被絷之猱。忽然而飞骑传人,报条无我,此时神色猝变,嗒然若死,则似饵毒之蝇,弄之亦不觉也。初失志,心灰意败,大骂司衡无目,笔墨无灵,势必举案头物而尽炬之;炬之不已,而碎踏之;踏之不已,而投之浊流。从此披发入山,面向石壁,再有以且夫、尝谓之文进我者,定当操戈逐之。无何,日渐远,气渐平,技又渐痒;遂似破卵之鸠,只得衔木营巢,从新另抱矣。"①蒲松龄久困场屋,一生没有考中举人,到71岁才援例成为贡生。没有多次应考失败的惨痛经历,是写不出这"七似"的。

　　例三。文康著《儿女英雄传》中关于安公子中举以后他父亲、母亲、岳母以及他本人的表现的描写,生动地反映了科举时代人们崇拜科举功名的心理。小说第三十五回写安老爷看了报单,得知儿子中举后,"乐得说了一句:'谢天谢地!不料我安学海今日竟盼到我的儿子中了!'手里拿着那张报单,回头就往屋里跑。这个当儿,太太早同着两个媳妇也赶出当院子来了,太太手里还拿着根烟袋。老爷见太太赶出来,便凑到太太面前道:'太太,你看这小子,他中也罢了,亏得怎么还会中的这样高!太太,你且看这个报单。'太太乐得双手来接,那双手却攥着根烟袋,一个忘了神,便递给老爷;妙在老爷也乐得忘了神,就接过那根烟袋去,一时连太太本是个认得字的也忘了,便拿着那根烟袋,指着报单的字,一长一短念给太太听。"那时候的安公子本身又是一种什么情况呢?"这个当儿,只不见了安公子。你道他那里去了?原来他自从听得'大爷高中了'一句话,怔了半天,一个人儿站在屋里旮旯儿里,脸是漆青,手是冰凉,心是乱跳,两泪直流的在那里哭呢!"安公子的丈母娘张氏则一个人爬上魁星楼去了。原来她"听得人讲究魁星是管念书赶考的人中不中的,他为女婿,初一十五必来,望着楼磕个头,……今日在舅太太屋里听得姑爷果然中

---

　　①　蒲松龄:《聊斋志异》(下),上海古籍出版社1979年版,第530页。

了,便如飞从西过道儿里一直奔到这里来,……要当面叩谢魁星的保佑。"①文康与《儒林外史》的作者吴敬梓不同,他不是讽刺科举,而是歌颂科举。正如胡适所说:"《儿女英雄传》不是一部讽刺小说;但这书中有许多描写社会习惯的部分,在当日虽不是有意的讽刺,在今日看来却很像是作者有意刻画形容,给后人留下不少的社会史料。""文康极力赞颂科举,而我们读了只觉得科举流毒的格外可怕;他诚心诚意地描写科第的可歆羡,而我们在今日读了只觉得他给我们留下了一大篇科举制度之下崇拜富贵利禄的心理的绝好供状。所以我们说《儿女英雄传》的作者自己正是《儒林外史》要刻画形容的人物,而《儿女英雄传》的大部分真可叫做一部不自觉的《儒林外史》。"②

(五)提供具体细节

小说能提供许多"正史"中没有的细节,对于深入了解历史,特别是社会经济史,是十分有用的。

例一。巴尔扎克在《人间喜剧》中十分重视写"物"。他在《人间喜剧·导言》中说:"我将要写的作品应当有包括三个方面的形式:男人、女人和'物',这就是说,人物和他们思想的物质表现,总之是人和生活。"③这里所谓"物",是指生活的物质条件,包括财产、房屋、家具、器皿以及衣服,等等。但巴尔扎克并非单纯地写"物",而是描写"物"与写人密切地联系在一起,用"物"来衬托人,使人物的形象更饱满和生动。"人和生活",这几个字精辟地说明了人和物的关系。在《古物陈列室》这部小说里,有一段描写德·埃斯格里尼翁公馆的精彩文字。这座房子原属德·埃斯格里尼翁侯爵所有,法国大革命时期易主,拿破仑执政时期,侯爵买回了这所旧宅,此后它便被人们半嘲讽半正经地称作德·埃斯格里尼翁

---

① 文康:《儿女英雄传》,上海古籍出版社 2001 年版,第 575—580 页。
② 胡适:《儿女英雄传》,载《中国章回小说考证》,上海书店 1980 年版,第 468—472 页。
③ 转引自罗大冈:《关于巴尔扎克》,载《罗大冈学术论著自选集》,北京师范学院出版社 1991 年版,第 363 页。

公馆。侯爵是一个老贵族，革命后幸存下来，但已家道没落。小说是这样描写这所公馆的。客厅的"天花板由一道道栗木椽构成，椽子之间的空隙饰有花叶图案。这个宏伟的天花板的所有外角都镀过金，可是金色已经暗淡得看不清楚了。墙上挂着弗朗德勒挂毯，挂毯上织着由六幅画组成的《所罗门的审判》……侯爵早在客厅里铺上了地板。在 1793 年和 1795 年间拍卖古堡的剩余物资时，公证人谢内尔（按：原为侯爵家的总管，始终忠于旧主——笔者）买下了几张路易十四时代流行的螺形脚靠壁桌，一件有绣花装饰的家具，一些桌子，挂钟，生火的用具，大烛台，等等，于是巧妙地凑齐了这个奇大无比的客厅的装饰。"小说接着写客厅里的人物。"在过去时代陈旧的雕梁画栋和金碧辉煌下面，蠕动着八个或者十个老寡妇，她们有的脑袋不住摇晃，有的干瘪乌黑得像木乃伊；这几个关节僵硬，那几个弯腰驼背；她们全体都披戴着同流行样式相反的怪服装；头发扑着粉，卷成发卷，头上的无边帽外加一条帽带，花边已经变成褐色。""这个客厅的男人们像用旧的挂毯那样褪了颜色和暗淡无光，他们的生活很不安定；可是他们的服饰很接近当时流行的样式，只可惜他们的白发，他们憔悴的面孔，白蜡似的脸色，饱经忧患的前额，暗淡无神的眼睛，使他们同那些老寡妇们很相像，从而破坏了他们的现代化服饰所产生的效果。"①小说用客厅的陈旧摆设，衬托出一群男女没落贵族荣华不再的凄凉晚景，物与人浑然一体，堪称刻画入微的佳作。

例二。《金瓶梅》描写世情，详尽逼真。《金瓶梅》约在明代隆庆至万历年间成书，写的是宋朝的人物和故事，实际上反映了明代中叶以来的社会状况。这部小说不仅为我们提供了当时衣、食、住、行等日常生活的细节，还刻画了西门庆这样一个兼有富商、恶霸和官僚三重身份的封建社会恶势力的代表人物。从小说中，我们可以看到西门庆如何通过偷税漏税、放高利贷、做官受贿种种手段聚敛了巨额财富。第 49 回写西门庆得到盐引后，通过交结巡盐御史，比别的商人早早支出食盐，获得暴利的情节，绘声绘色描画出官商勾结的黑幕交易。鲁迅说："作者之于世情，盖诚极洞

---

①　[法]巴尔扎克：《古物陈列室》，人民文学出版社 2008 年版，第 12—14 页。

达，凡所形容，或条畅，或曲折，或刻露而尽相，或幽伏而含讥，或一时并写两面，使之相形，变幻之情，随在显见，同时说部，无以上之。"①

《金瓶梅》一百回的版本有两个系统：一是《金瓶梅词话》系统；一是《原本金瓶梅》系统。《词话》提供的细节更多，《原本》把它们删掉了许多。施蛰存在为《中国文学珍本》丛书之《金瓶梅词话》所写的跋中说："然则《金瓶梅词话》好在何处？曰：好在文笔细腻，凡说话行事，一切微小关节，《词话》比旧本均为详尽逼真。旧本（按：指《原本》这个系统——笔者）未尝不好，只是与《词话》一比，便觉得处处都是粗枝大叶，抵不过《词话》之雕镂入骨也。所有人情礼俗，方言小唱，《词话》所载，处处都活现出一个明朝末年浇漓衰落的社会来。……故以人情小说看《金瓶梅》，宜看此词话本。"②

例三。中国封建时代丈夫可以休妻，"休书"的具体内容和格式究竟如何，小说《今古奇观》第二十三卷《蒋兴哥重会珍珠衫》提供了一个具体例子。此卷写襄阳府商人蒋德（小字兴哥）赴广东经商时，其妻王三巧儿与来襄阳经商的陈商发生了婚外情。蒋德还家发现后，遂将王氏休掉，并立下休书，内容作："立休书人蒋德，系襄阳府枣阳县人，从幼凭媒聘定王氏为妻。岂期过门之后，本妇多有过失，正合七出之条。因念夫妻之情，不忍明言，情愿退还本宗，听凭改嫁，并无异言。休书是实。成化二年月日手掌为记。"③

例四。《聊斋志异·颠道人》写殷生着猪皮靴，骑扁仗，戏弄周生事，反映了明代功令所规定的教坊妓者之夫的所服所乘。文中写道："予乡殷生文屏，毕司农之妹夫也，为人玩世不恭。章邱有周生者，以寒贱起家，出必驾肩而行，亦与司农有瓜葛之旧。值太夫人寿，殷料其必来，先候于道，着猪皮靴，公服持手本。俟周至，鞠躬道左，唱曰：'淄川生员，按章邱生员。'周惭，下舆略致数语而别。少间，同聚于司农之家，冠裳满座，视其服色，无不窃笑；殷傲睨自若。即而筵终出门，各命舆马。殷亦大声呼：

---

① 鲁迅：《中国小说史略》，东方出版社1996年版，第142页。
② 朱一玄编：《金瓶梅资料汇编》，南开大学出版社2002年版，第162页。
③ 抱瓮老人辑：《今古奇观》，人民文学出版社2007年版，第417页。

'殷老爷独龙车何在?' 有二健仆,横扁仗于前,腾身跨之。致声拜谢,飞驶而去。"①

孟森在《跋聊斋志异·颠道人》一文中说:"殷生着猪皮靴,骑扁仗,少时读之,但觉其奇,不辨是何舆服? 后始知明代功令,教坊妓者之夫,所服所乘,定制如此。《聊斋》去明未远,当时言此,必人人知为妓夫仪式,故绝不复加诠释。今则仅知绿头巾者为龟奴,犹于流俗口中存教坊贱者之体制。猪皮靴及独龙车,则世所罕知者矣。"②孟文引倪鸿(清道咸间人)撰《桐阴清话》中《教坊规条碑》一则云:"秦淮旧院《教坊规条碑》,余尝见其拓本,略云:'入教坊者准为官妓……官妓之夫,绿巾绿带,着猪皮靴,出行路侧,至路心被挞勿论。老病不准乘舆马,跨一木,令二人肩之。'"由是可知,猪皮靴、独龙车乃明代功令所定教坊妓夫之所服与所乘。孟森(1869—1938 年)少时读《聊斋》但觉其奇,已不知是何舆服。及长,读《桐阴清话》等书,始知其详,然后得解何以殷生以此怪舆服戏弄周生。此例说明,小说中所描写的一些具体细节,反映了历史上确实存在的事物以及与之相关的社会制度,可供读史者参考。

总之,历史学家经过精心分析,可以从小说中发掘有用的史料。但使用从小说中发现的史料时,应参照其他方面提供的史料,才能得出比较正确的结论。

（原载《首都师范大学学报》(社会科学版)
2010 年第 5 期)

---

① 蒲松龄:《聊斋志异》(下),上海古籍出版社 1979 年版,第 411 页。
② 孟森:《心史丛刊》,中华书局 2006 年版,第 237—239 页。

读史见微录

自　序

　　自幼喜读史书,垂老兴趣不减。每于披览时,见有琐事细节,或只言片语,看似无关宏旨,实则可以见微知著,以小见大;或时见名言隽语,虽已众所周知,但求其确解,殊非易事,故亦欲有所阐明。笔者有一非分之奢望,即斯编能融知识性、趣味性、学术性于一炉。野人献芹,希读者有以教之。

伪印《顺天时报》

张伯驹《续洪宪纪事诗补注》四六：

群言举世已滔滔，假印刊章孰捉刀？

袁氏家规惩大过，一场演戏打龙袍。

克定伪印《顺天时报》，皆言日本如何赞成帝制。洪宪势渐非，项城颇不怡。一日寒云（袁世凯第二子，名克文）之妹以花生米进，包花生米之纸，则为真《顺天时报》。项城见之，始知所阅之《顺天时报》，皆克定伪印，盛怒，命对克定施夏楚。袁氏家规，子弟有过，尊长令旁人挞之；但他人对皇储何敢如此，只作比画而已，亦如演一出《打龙袍》戏也。①

按：袁克定野心勃勃，鼓吹帝制最烈。因他是嫡长子，其父如登基为帝，"晏驾"后可继位称帝。伪印《顺天时报》，以欺袁世凯，奸诈本领不让其父。袁氏称帝，大逆时代潮流，未几事败，愤死。

袁克定的"新华"一梦，也终于破碎。克定晚年，生活颇窘，但当日本人邀他出任伪职时，却坚决拒绝，保持了民族气节。

---

① 据《洪宪纪事诗三种》三一四页，上海古籍出版社1983年版。

袁　大　头

张伯驹《续洪宪纪事诗补注》三〇：

　　　　踉跄列队大街游，请愿声高索报酬。

　　　　向背人心何用问，真民意最爱袁头。

　　　　洪宪前，各省请愿代表列队游行至新华门前，高呼万岁，完毕，每人各赠路费百元，远道者二百元，各代表请增费，至于狂骂，后各赠二百元，纠葛始寝。……按昔时银洋以站人者银质为优，次为光绪元宝，次为鹰洋。民国后，项城像银洋银质更优，号"袁头"钱，人争要之，乃真民意也。①

按：1948—1949 年，国民党覆灭前夕，物价飞涨，纸币贬值。一般薪金收入人员，领到纸币月薪后，必急于脱手，换成银元，否则至次日即已贬值（甚至当日下午）。当时北平东单有一货币交易点，拥挤异常。每见人手持麻袋装纸币一大捆，来换银元，"袁大头"最受欢迎，因为它的含银量比其他种银币要高。

---

　　① 《洪宪纪事诗三种》三〇七页。

挂 名 差 使

张伯驹(1898—1982 年),近世著名文人,其父张镇芳为袁世凯表弟,北洋系统重要人物之一。张伯驹世家子弟,亲历亲见新闻中多有可备史料者。《春游纪梦》有"挂名差使"一条:

> 挂名差使之风,入民国后更变本加厉。北洋政府时,某总统之秘书长某,各省督军省长公署皆有其挂名顾问,月可入薪水万余金。又张作霖为大元帅时,潘复任国务院总理兼财政总长,夏枝巢任次长代理部务。一日潘交了一条子任某某两人为参事上行走,各月支薪三百元,乃潘复之两妾也。此事为枝巢对予言者。①

按:以姨太太充任参事,北洋军阀的黑暗腐败,恬不知耻,可谓达于极点。

---

① 张伯驹:《续洪宪纪事诗补注》,见《春游纪梦》,辽宁教育出版社 1998 年版,第 73—75 页。

招权纳贿与日俱增①

清末,官场招权纳贿,日甚一日。道光咸丰时,穆彰阿、肃顺虽权倾一时,受贿尚有一定限度。王湘绮《道咸以来所见录》(未刊),其中一则说:"道光末,穆相最为贪黩,其门生劳文毅迁宁道,入见,临别馈五十金,穆辞不受,云:'汝官不及此,再入则可以送矣。'当时非陛见人员,无由谒军机也。其后肃相(肃顺)受浙藩馈亦止五十金,特以赠予。同治以后,府道州县皆得见政府,初遗百金,后乃千万辈络,近二十年(按指光绪末年)遂至三五十万,以多相夸。故余诗云:'夸名徇权利,昔闻顺与彰。牧守空侯门,鱼眅上高堂。东何当涂客,斗酒博伊凉。'言招权纳贿,亦有老成典型"②。

又据樊增祥于光绪十六年九月十三日(1890年10月26日致张之洞密札):"都门近事,江河日下,枢府唯以观剧为乐,酒醴笙簧,月必数数相会。南城士大夫,借一题目,即音尊召客,自枢王以下,相率赴饮,长夜将半,则于筵次入朝。贿赂公行,不知纪极,投金暮夜,亦有等差。近有一人引见来京,馈大圣六百(大圣见面不道谢),相王半之(道谢不见面),汶长二百(见面道谢),北池一百(见面再三道谢),其腰系战裙者,则了不过问矣,时人以为得法。然近来政府仍推相王为政,大圣则左右赞襄之,其余

---

① 本文关于那拉氏部分,采自史泽生编著《祸国殃民的西太后》(人民出版社1978年版),书中第4节《穷奢极欲的吸血鬼》为笔者所著。

② 黄濬:《花随人圣庵摭忆(上)》,中华书局2008年版,第212页。

唯诺而已。高阳与北池缔姻，居然演剧三日，习俗移人，贤者不免，仍今信之。(祥与比邻，不堪其扰)"①

密札中之"大圣"指孙毓汶；"相王"指礼亲王世铎；"汶长"指许庚身；"北池"指张之万；"腰系战裙者"指额勒和布，时均为军机大臣。孙、许甚得那拉氏信任，孙尤掌权，故行贿者馈金数目，以孙为最多，世铎次之，庚身又次之，之万为殿。额勒和布，廉洁自守，故行贿者未登门。

又据何平斋《春明梦录》：宝鉴："清室诸王，以恭邸(恭亲王奕訢)为最贤明，虽平日有好货之名，然必满员之得优缺，汉满员由京(军)机章京外放者馈送，始肯收受，闻其界限极为分明。"②

到清末，庆亲王奕劻为军机大臣领班，极贪婪，举国官场皆知，那拉氏知而不问，因为他唯命是从，不像恭亲王奕訢柄国时仍有自己一定的主张。那拉氏其实也不想惩贪，因为她自身就是"首犯"。稍举数例如下。

按清朝制度，内务府单有开支，与户部收入不相混淆。各省地丁、关税、盐课等正项收入归户部，用于维持封建国家机器。各省关税盈余，长芦、两淮等处盐款以及皇庄收入归内务府，专供宫廷使用。内务府收入极可观，仅粤海关一处每年即需向内务府缴银30万两。③ 咸丰七年(1857年)前，内务府收支自理，基本上没有向户部借款。④ 那拉氏上台后，淫奢无度，内务府收入不够挥霍，便经常向户部借款。仅从同治二年至同治十一年十二月止，内务府借拨户部款和户部拨内务府经费两项合计，就达1111万两之多⑤。

八国联军侵入北京后，那拉氏竭数十年之力搜刮所得，大部分为联军所夺。为弥补"损失"，那拉氏逃至西安后，迫不及待地公开卖官鬻爵。

① 黄濬：《花随人圣庵摭忆(上)》，中华书局2008年版，第383—384页。
② 何平斋：《春明梦录》，上海古籍书店1983年版。
③ 1873年2月(同治十二年正月)上谕："内府外库，定制攸分，各宜量入为出，不可牵混。……内务府供应内廷，一切用项，本有粤海关天津长芦应解各款及庄园头租银……"(《清穆宗实录》第348卷，第41页)。又，1873年2月户部奏折："窃维国家定制，户部综覆天下之钱粮；内务府各内廷之供应，故各省地丁、关税、盐课正项皆输之户部，而各关客至外盈余解决内务府……要动各款不相牵混。"(见《同治年间内务府与户部交涉款项成案》抄本，国立图书馆)
④ 《总管内务府现行则例》，广储司卷一，酌拨银两条。
⑤ 《同治年间内务府与户部交涉款项成案》。

有一个姓施的人托李莲英谋一道台缺,那拉氏说:"今方蒙尘于外,价可稍廉,然道员即可擢两司(指布政使和按察使),至少需万金。"①

那拉氏还有专项收入。崇文门关每年税收,不归国库,直接"供宫廷脂粉之用"。这笔款的绝大部分都落入了那拉氏的腰包,一般嫔妃分不到几个钱。由于崇文门关的税收直接供宫廷挥霍,所以监督一职不同于一般税吏,地位特高,正监督以大臣简充,副监督则由内务府大臣中选充。②

做寿,是那拉氏的又一种聚敛手段。她每逢过生日,不仅寻欢作乐,而且要乘机广收献礼,填满腰包。例如,1894 年在她过 60 岁生日时,京外各官的"报效",仅据官方记载,就有 120 万 6900 两白银。③ 1907 年,那拉氏过 73 岁生日时,大臣们纷纷献礼,但使她最满意的只有 3 个人,即袁世凯、盛宣怀和岑春煊。岑的礼物是八扇琉璃屏,"彩画雕琢,穷极工巧,屏内可蓄金鱼","众信为第一,无从与争"。但袁世凯不甘落后,便进献了"玄狐等裘袍两袭,旗装大梁头横簪一,伽楠香木中镶宝石珠凤两枝,又珊瑚一枝,其高如人"。盛宣怀探知岑、袁二人的礼品后,一定要胜过他们。他除了进献一批书画古玩外,还特用"纯金千两,打造如意九柄","于是夺二雄之席,跃而过之"。那拉氏对于这三个奴才的"寿礼",特别满意,尤其当她看到了"金光灿然"的九柄巨型如意时,不禁惊喜地问道:"这是真的吗?"④

---

① 天嘏:《满清外史》下卷,第 7 篇,第 9 章"蒙尘时之市官"。
② 《皇朝通典》第 35 卷。
③ 《光绪东华录》第 114 卷,第 6 页。
④ 岑、袁、盛三人献礼事,见孟森:《记陶兰泉谈孝钦时事二则》,《明清史论著集刊》下册,河北教育出版社 2000 年版,第 615—617 页。

洋学堂招生难

清同治元年（1862年），恭亲王奕訢《奏设同文馆折》，认为"欲知各国情形，必先读其语言文字；方不受人欺蒙。"同文馆成立后，由于守旧顽固势力反对，以及民智未开，招生很难。齐如山（1875—1962年）幼入同文馆，在回忆录中生动写道：

> 馆是成立了，但招不到学生，因为风气未开，无人肯入，大家以为学了洋文，便是降了外国。在汉人一方面，政府无法控制，招学生太费事，于是由八旗学中挑选，虽然是奉官调学生，但有人情可托的学生谁也不去，所挑选者，大多数都是没有人情，或笨而不用功的学生。因为这种的学生，向来功课成绩不好，八旗官学虽腐败，这种学生也站不住，或将被革，倘到同文馆，或者还可以混一个时期。这是最初招生的情形，而且还有一层，这些学生入了同文馆以后，亲戚朋友对于本人，因为他是小孩，还没有什么鄙视，对于学生们的家庭，可就大瞧不起了，说他堕落，有许多人便同他们断绝亲戚关系，断绝来往。甚而至于人家很好的儿媳妇，因她家中弟弟入了同文馆，便一家人瞧不起这个媳妇，而且因之便受了公婆之气。……因为不容易招学生，所以订立的章程，对于学生有极优的待遇。初进馆，便每一个学生每月给三两银子的膏火……其实还没有人愿来，于是把每月膏火逐渐增加，初进馆每月三两，学一二年之后，洋文有成绩者，则增至六两，再过一期增为八两，后增为十二两。彼时每月十二两银子，这个数字

是很大的,一个翰林,给中堂尚书家教读,每月最多也不过八两银子。①

按:当时不仅洋学堂如同文馆招生难,清廷往外国派留学生也难。那时,民间盛传西人挖取中国幼童心眼配药炼银的说法,故殷实之家绝不舍子弟放洋。先父于光绪末年就学于保定陆军速成学堂(保定军校前身),清政府打算在学堂中挑选几十名学员去法国学陆军,先父在选中之列。行前,亲朋好友力劝先曾祖(时任教谕)千万不要让亲孙子去外国留学,恐怕遭挖取心眼之祸。先曾祖粗通洋务,以为无稽之谈,先父遂成行。清政府为减轻招生困难,给每个留学生家属每月白银八两。先祖因病在家乡农村疗养。那时物价还低,八两白银足够农村几口人的生活费用,先祖因此可以安心养病。先父赴法国后,入枫丹白露军校,习炮科,民国初年回国。以上种种之情节,是先父生前对我说的,非常生动,但事隔六七十年,今天仅大概记得这些了。

---

① 齐如山:《齐如山回忆录》,辽宁教育出版社2005年版,第29—31页。

"夜杀洋兵"奇策

鸦片战争，中国战败，此后门户洞开，但封建顽固保守势力仍然不吸取教训，于外情盲无所知。有一个叫陈庆松的人，忽发怪想，上疏奏献"夜杀洋兵"奇策。据平步青《霞外攟屑》（卷一）：陈庆松，道光进士，曾任编修、御史、云南知府等职。上"论制英夷"一疏，谓"诛杀夷鬼宜夜不宜昼也。闻英夷之千里镜可以洞见四十里，其大炮可打到二十里。若系堂堂之阵，正正之旗约期厮杀，我已于二十里外方整顿人马出队，而彼已用飞炮打来……莫若用暗中刦杀之法。臣闻夷鬼夜间目即不明，而性又嗜睡，且千里镜断非夜间能视之物，则炮发又安能有准。我若广募敢死之士，夜间蚁附而上，一登其舟，逢人便杀，夷船每只不过三四百人，又何难尽行诛锄。……"[1]说英人夜间目即不明，且嗜睡，不知陈庆松的根据是什么。昏聩到如此程度，令人发指。陈疏荒谬绝伦，但绝不是个别现象，当时士大夫如陈者，大有人在。

一般百姓，对外国情况自然更不清楚。1900 年，八国联军攻陷京师后，百姓十分惊恐。先母当时还是一个幼女。先外祖母对她说："你不要害怕，躲在门后面就没事了。洋人的眼光是直的，不会往左右看。"这昏话，今天听起来十分可笑，但当时许多百姓是这样看法的。

---

[1] 《霞外攟屑》卷一《陈侍御奏摺》第 93 页，中华上编所 1959 年版。

放　空　炮

张伯驹《续洪宪纪事诗补注》六八：

　　总镇天津继霸天，大名三冒久相传。

　　武夫却亦耽风景，买宅清流七二泉。

　　相传黄天霸为绿林中四霸天之一，后任天津镇总兵，夜被盗杀头，置于署外旗杆斗中。（**按：黄天霸实有其人其事，并有谥号。**）张怀芝在项城督直时，任天津镇总兵，性爽快，人以"张三冒"称之，虽武夫而心细。庚子义和团围攻东交民巷各国使馆时，张统带炮兵在城上布置炮位，对使馆一发，使馆可毁。张乃向荣禄请示曰："炮已安好，须待中堂发令始开炮。"荣不答。张云："中堂不给令，卑职不能去。"荣曰："你的炮一响，里面就知道了。"张大悟，即去，将炮口安对天空，放了几炮了事。①

张怀芝如果莽撞对使馆发实炮，后果不堪设想。

荣禄是一个工于心计、精于揣摩主子心意的巧宦，在义和团运动中，他大耍两面派手法。一方面，主要的一方面，他对那拉氏借拳民削洋人的乱命，服从唯谨；另一方面，他深知中国是一个弱国，绝打不过西方列强，因而在攻打使馆这个要害问题上有所保留。除了他不许张怀芝发实炮外，也不许甘军董福祥炮轰使馆，否则《辛丑条约》的条件还要苛刻

---

　　①　见《洪宪纪事诗三种》第323页。

得多。

荣禄是那拉氏的亲信重臣，但他为了固宠保位，一次劝阻也没有，的确是一个罪人。但罪魁祸首还是那拉氏。

又按：张伯驹的父亲张镇芳是北洋元老，又是袁世凯的表弟，张伯驹所说的是可信的。我上大学时也听过一个北洋军阀的少将一级的官员说过张怀芝的故事，他自称北洋余孽，惜已忘其姓名。

阻 建 铁 路

第二次鸦片战争后,自 19 世纪 60 年代到 90 年代中期,洋务运动兴起,目的在于"自强""求富"。主张推行洋务的,内廷有恭亲王奕訢,地方有曾国藩、李鸿章、左宗棠、张之洞等封疆大吏。但封建保守顽固势力仍然十分强大,他们竭其全力以阻挠破坏。有刘锡鸿其人(曾出使法国),上折谏阻。又,河南商水县李某,为翰林院侍读学士,上折奏阻修铁路,内有"火车行驶,震动宫阙,所经之地,四十里内田禾为焦"等语。昏昧如是,后人实难想象①,其时,开明士大夫如郭嵩焘曾力陈铁路、电报之利。光绪三年二月(1877 年 3 月),郭氏致李鸿章一长函,内云:"窃谓中国人心有万不解者。……闻修铁路、电报,痛心疾首,群起阻难,至于以见洋人机器为公愤者。"李鸿章于光绪三年六月初一夜(1877 年 7 月 11 日)复函郭嵩焘:"自同治十三年海防议起,鸿章即沥陈其煤铁矿必须开挖,电线、铁路必应仿设,各海口必应添洋学、格致书馆,以造就人才。……曾记是年冬底赴京谒梓宫,谒晤恭卿,极陈铁路利益,请先试造清江至京,以便南北运输。御意亦以为然,谓无人敢主持。复请其乘间为两宫言之,渠谓两宫亦不敢定此大计,从此遂绝口不谈矣。"②

外国商人打算在中国修筑铁路已久。1875 年,英商未得中国的许

---

① 见张伯驹:《春游纪梦》,辽宁教育出版社 1998 年版,第 99—100 页。
② 《李鸿章全集》第 32 册《信函》(四),安徽教育出版社 2007 年版,第 75 页。

可，建筑上海、吴淞间的轻便铁路。1876年，工竣营业，乘客拥挤，士绅以为耻。两江总督沈葆桢严令上海关道交涉，没有结果。后来，《烟台条约》订立，李鸿章派道员盛宣怀去上海，与沪道、英领会商办法，用银28万两赎回。沈葆桢为讨好"清议"，坚持不自办。这时，丁日昌奉旨准于台湾试办铁路、电报，沈便将赎回的英商修筑的铁路拆送台湾。沈葆桢属于洋务派，号称开明，仍然屈服于所谓"清议"，可见中国实现近代化是多么的困难。

狼 牙 棒

　　光绪初,张之洞与张佩纶交厚,簣斋家藏张手札多幅,其一说:"此间军装局真同儿戏,所存有狼牙棒、月牙铲、三股叉之类,全是戏剧。办军需二十年,靡费千余万,而其械为此,可恨! 可惜!"①这封信反映了光绪初年山西军备窳弛,官吏侵吞的状况。西方早已有了枪炮等精良武器,而清朝官吏竟把狼牙棒储存军装局,真是荒谬到了极点。

　　1882 年,张之洞出任山西巡抚。到任后,发现山西腐败落后种种情节。"公私困穷,几乎无以自立,物力空匮,人才艰难,上司政出多门,属吏愍不畏法,民习颓惰以蹙其生,士气衰微而废其学,军律日即荡弛,胥吏敢于为奸。"②练兵是张之洞的重要措施之一。他认为,军队要达到"强劲",就必须用洋枪洋炮来武装,于是上奏清廷:"练营积弊无可挽回",弓箭刀矛已不合时宜,"临敌制胜,最重火器。"③张之洞是洋务派的巨头之一,是很有眼光的。

---

　　① 黄濬:《花随人圣庵摭忆(中)》,中华书局 2008 年版,第 481 页。
　　② 许同莘编:《张文襄公年谱》卷二,商务印书馆 1946 年版,第 13 页。
　　③ 《张文襄公全集》第 1 册,中国书店 1990 年版(影印本),第 207 页。

亲 贵 戏 述

张伯驹《红毹纪梦诗注》第二部分《所观票友戏》,其中有这样一首诗:

亲贵当年旧郡王,贵妃醉酒似余庄。

芦花荡并安天会,亡国今犹唱隔江。

清贝勒郡王衔军咨府大臣载涛,曾从余庄学《贵妃醉酒》,从钱金福学《芦花荡》,从张淇林学《安天会》。其府中有戏台,学某戏即传某人到府演出,故所会皆地道,清亡而其戏不废也。晚年与予同组京剧社,余曾观其演《芦花荡》一戏。①

按:余庄指余玉琴,名花旦;钱金福,名武净;张淇林,名武生。载涛学《贵妃醉酒》,演杨玉环;学《芦花荡》,演张飞;学《安天会》,演孙悟空。载涛身为军咨府大臣(相当参谋总长),但在京剧方面下了这样大的功夫,一身能演花旦、花脸、武生三种角色,而且都很精,他又如何能履行军咨府大臣的职责呢?

另外一首诗,记溥侗。

将军红豆问如何,昆乱兼全腹笥多。

惨睹当推曹子健,搜山传自沈金戈。

清宗室镇国将军溥侗号红豆馆主,能戏,文武昆乱不挡,皆学自

---

① 张伯驹:《春游纪梦》,辽宁教育出版社1998年版,第253页。

名老艺人。余曾观其《弹词》《刀会》《风筝误》之丑小姐、《群英会》之周瑜。……唯《惨睹》一剧则须让袁寒云（按：寒云名克文，袁世凯第二子），因寒云有家国身世之感，演来凄凉悲壮，合其身份。《搜山打车》，学自苏州沈金戈，但红豆演来更生动沉郁。①

又，清尚书那桐也是一个"超级戏迷"。他最喜欢听谭鑫培的戏。一天求谭在外间演戏，谭说"中堂要鑫培演戏，须中堂向我请安"。那桐即向谭请一安，谭乃于外间演出一场，一时成为话柄。按清制，大臣请安礼只对贝勒、郡王、亲王，这便是"谭贝勒"外号的由来。②

清末，败象已显，而亲贵大臣们仍然如此嬉戏，置国事于不顾，怎能不亡！

---

① 张伯驹：《春游纪梦》，《红毹纪梦诗注》，第253—254页。
② 张伯驹：《春游纪梦》，《红毹纪梦诗注》，第227页。

吃 空 额

　　国民党政府机构林立,某些机构之设立名为防止、纠正贪污,实则成立后又多一贪污机构,如军政部点验委员会。抗战时,国民党军队逃亡率大,缺额太多,某些部队实有人数不到编制的1/3,层层吃空,兵力不足。蒋介石为充实自己军事实力,采取点验部队方法,成立军政部点验委员会。有方暾其人,被任命为点验委员会委员兼第一组中将组长,负责点验川康部队。方上任后,驻成都半载,点验部队仅两月。方自云:"在点验过程中,知道他们部队的缺额多,发现昨天点过的,今天又来顶替另一个部队,只好睁一只眼,闭一只眼,马马虎虎过去,有的略微提一下,让他们知道对他们的照顾。""川康部队点验完毕,半年的交通旅行费各自上了腰包,实际花费,全由地方负担。所谓点验,只是一个形式。各个组员的收入,超过了薪俸好多倍;我比组员还多些。离开成都时,邓锡侯写了一封信给何应钦,说我们'廉洁奉公'。真是天晓得。"①

　　方暾所说情况,笔者亦有所闻。1944 年夏,笔者为重庆清华中学高二学生,暑假回纳谿探亲(父母住纳谿),路过泸州,于家父朋友某团长(忘其姓名)家暂住一二日。一日,中下级军官数人闲谈,余偶然在座,彼等因余是一青年学子,不避所谈。一军官曰:"明日操场点验,已办好

---

① 方暾:《国民党军政部点验委员会的真相》,载《人民政协报》1998 年 12 月 9 日第 4 版。

否?"另一人答曰:"所缺额已向另一团借来。"所谈情况,与方暾完全相同。吃空额现象,在国民党军队中相当普遍。抗战胜利后,国民党文武官员贪污愈甚,以人民为鱼肉,故未几即败。

谭 家 菜

清末,民国时期,京师餐饮业以"八大楼""八大居"最有名。谭家菜也负盛名,但别具一格。

据《陈垣来往书信集》(增订本):"谭祖任,字瑶青,广东南海人,谭莹之孙。辛亥革命后,曾任议员,谭家菜创始人。本人亦懂书画辞章。傅沅叔(增湘)等发起鱼翅会,每月一饮,在谭宅举行。会费每次四元。"

又据《胡适来往书信选》,陈垣致胡信:"适之先生撰席:丰盛胡同谭宅之菜在广东人间颇负时名,久欲约先生一试。……主人玉笙先生,莹之孙,叔裕先生宋浚之子,亦能诗词,精鉴赏也。"

又据《朱自清日记》1934 年 3 月 25 日:"谭宅菜味厚重,鱼肚炖鸡及大开乌、松子山鸡等均佳。白菽馅饺子尤特别有风味。"

又据邓之诚《文史札记》民国三十一年五月初三(1943 年 6 月 5 日)星期六:"谭篆清以昨日卒。"民国三十四年三月初六(1945 年 4 月 17 日)星期二:"聊园在米市胡同十九号,谭篆清寓所,所谓谭家菜也。"

按:谭家菜实同于外间酒楼,但主人自高身份,只承认客人是借他宅宴客。席间设主人一座,宴会开始前,谭瑶青与客略事寒暄,即退席。谭家菜以鱼翅最有名,须事先订座。谭逝后,其妾继业。

20 世纪二三十年代,每馔 4 元,其价甚昂。傅增湘为著名藏书家,清末任直隶提学使,入民国后曾任教育总长。陈垣是辅仁大学校长、教授。

朱自清是清华大学中文系教授。那时教授待遇甚优,月薪约 300 元至 400 元之间,大牌教授可得 400 元。陈寅恪是清华大学教授中薪酬最高者,1935 年月薪 460 元。教授收入如此丰厚,所以能享受一餐 4 元的美食。七七事变前,保姆月工资一般 2.5 元,今天至少要 3000 元。

胡适讳言中医疗疾

　　胡适不信中医,但曾请中医看病,愈后即讳言其事。1920年胡适患肾炎,西医医治不效,改请中医陆仲安诊治,后痊愈。最初,胡适尚不讳言其事。1921年3月30日《题陆仲安秋室研经图》记说:"我自去年秋间得病,我的朋友学西医的,或说是心脏病,或说是肾脏炎,他们用药,虽也有点功效,总不能完全治好。后来幸得马幼渔先生介绍我给陆仲安先生诊看。陆仲安有时也曾用黄芪十两,党参六两,许多人看了,摇头吐舌,但我的病现在竟好了。"胡适未将这篇文收入《文存》。逝世后,秘书胡颂平编《年谱》时始于芝翁《古春风楼琐记》中找到。① 到了晚年,胡适态度一变,1954年4月12日《复余序洋》信中说:"你看见一本医书上说,我曾患糖尿病,经陆仲安医好,其药方为黄芪四两……等等。我也曾见此说,也收到朋友此信,问我同样的问题。其实我一生没有得过糖尿病,当然,没有陆仲安治愈我的糖尿病的事。陆仲安是一位颇读古医方的中医,我同他颇相熟。曾见他治愈朋友的急性肾脏炎……"②1961年八月初三《复沈某》说:"急性肾脏炎,我的朋友中有人患过,或用西法,或用中药,均得治愈。慢性肾脏炎,友人中患者,如牛惠生,如俞凤宾,皆是有

---

　　① 罗尔纲:《师门五年记·胡适琐记》,生活·读书·新知三联书店1995年版,第104、110页。

　　② 罗尔纲:《师门五年记·胡适琐记》,生活·读书·新知三联书店1995年版,第107—108页。

名的西医,皆无法治疗,虽有人传说中医有方治此病,又有人传说我曾患慢性肾脏炎,为中医治好,——其实都不足信。大概慢性肾脏炎至今似尚未有特效药。在三十多年前,我曾有小病,有一位学西医的朋友,疑是慢性肾脏炎,后来始知此友的诊断不确。如果我患的真是此病,我不会有三四十年的活动能力了。"①胡适为全盘西化论者,故不肯承认中医有治疗慢性肾脏炎的功效。

20世纪30年代汪精卫长行政院时,曾拟在全国废除中医。中医四大名医之一孔伯华赴南京请愿,并欲与西医一较长短。后事寂,中医未废。其实,中西医各有其理,各有所长,也各有所短,断不可是此非彼,亦不可是彼非此。2015年诺贝生理学或医学奖授予中国科学家屠呦呦,以表彰她在药物治疗疟疾方面的杰出贡献。这件事最足以证明中西医结合的必要。屠呦呦团队制成之青蒿素,最初来源于屠呦呦受《肘后备急法》启发。这本书为东晋葛洪著,"书凡分五十一类,有方无论,不用难得之药,简要易明"。②其中一方云:"青蒿一握,以水二升渍,绞取汁,尽服之。"屠呦呦受此启发,与其团队数百人,自1967年起,历经半个世纪数百次之现代科学试验,才制成此抗疟新药。屠氏获奖后,仍有人质疑中医学,这是很不应该的。中国科学院院士、中国中医科学院院长张伯新接见记者时表示:"然而一直以来也有一些争议,认为青蒿素的研发与中医药研究关系不大。对此,我想说,实际上,中医药拥有几千年的历史,是老祖宗留下的宝库,其中许多东西值得我们后人深入挖掘。但是它毕竟是几千年留下的东西,而现代中医药则也要有当代科技水平的体现。因此,我们现在进行的研究,就是把中医药的精华拿出来,巧妙结合现代科学技术进行创新。所以中医原创思维结合现代科技就会产生原创性的成果,青蒿素的研发成功就是遵循这条路径。"我以为,进而言之,中医学自有其理论体系,来源于中国传统文化的自然观、宇宙观、生物观,此中精义,犹待发覆,绝不可视为落后、迷信的封建糟粕。1949新中国成立后,人民政

---

① 罗尔纲:《师门五年记·胡适琐记》,生活·读书·新知三联书店1995年版,第108—109页。

② 《四库全书总目》卷一〇三,子部,医学类。

府提出中西医结合的方针，极是。然而由于双方门户之见甚深，至今收效甚微。今后，双方如能各捐成见，合作无间，新成果的产生必然无疑。

最后，我想以一个门外汉的身份斗胆谈谈中西医的问题。我自幼年到现在（89周岁），患过三次大病。两次是中医治好的，一次是西医治好的。根据切身体验，我对中西医都相信。下面略述我的病情以及治疗的经过。

第一次，我5岁时得病发高烧到39—40度，几日不退。家长送我到首善医院①等著名西医医院治疗，无效。后来，经人介绍一位老中医（女），她的处方是口服小儿定风珠一丸（云药），后来痊愈。小儿定风珠，售药地是在西四甘石桥内一个小胡同，店名王家佛堂。解放初期还存在。生母买到定风珠后，曾咨询她三叔（老中医），她三叔说：不能吃，这种药太凉，能把孩子吃傻了。母亲说："我宁要一个傻孩子，也不要一个死孩子。"她坚信给我吃小儿定风珠，后来，痊愈了。

第二次是眼病，发生在20世纪70年代，在劳动时，忽觉双眼疼痛，眼珠变硬，急去某大西医院诊治。经过3次用眼压计测试（还有一些其他辅助方法），断定为青光眼无根治方法，只能上点眼药延缓、减慢病的发展，有些人后来还是失明了。我校图书馆一黎姓女职员，后来即成盲人。我想，作为一个知识分子，失明还能做什么？正在我甚是忧虑的时候，友人说东直门有一个小诊所，只有一个老中医，专治眼病，效果很好，来就医者很多，挂号要在清晨三四点钟。我第一次去看病，见到这位老中医，他的小诊所没有任何现代科学医疗设备。他手拿一个电棒，问我眼睛的情况。我说：得了青光眼。他拨开我的眼皮，用电棒一照，立即说："我给你摘帽子"。我听后大吃一惊，心想：他怎么这样武断，这样自信。他的处方是：每日服羊肝丸、石决明目丸各一丸。每次来，要在他诊所点眼药。这是一种由一个女护士给抹在眼皮里面的药，开始几分钟感到非常疼痛，眼泪不断，稍后就不痛了。最奇怪的是：出诊所后，有一段时间看什么东西都是亮晶晶的。当时，在"文革"中，请假很难，我请他卖给我一盒，拿回家后

---

① 院长方石珊，留法学医，在二十世纪二三十年代很有名，与家父交好。

自点,他坚决拒绝,怎么请求他都不允许。治了几个月后,全好了,到今天已经40多年,未再犯。我觉得,他的眼药膏肯定是祖传秘方,最有疗效。绝对不让病人买走,以免被化验,泄密。

第三次,是在20世纪70年代,得了前列腺炎。一次发作后,一夜解不出小便,痛苦至极,急赴301医院。十分幸运的是,住院后由名医李贵唐大夫主刀,切除了整个前列腺,效果很好,至今已40多年。

以上前两例,如果有人说,小儿定风珠和老中医的眼药,和治好你的病毫无关系,那我只能说这是你主观唯心主义的武断,没有辩论的必要。

最后,我还想推荐恩格斯的一段话,供研究中西医问题参考。恩格斯在《社会主义从空想到科学的发展》一书中说:"当我们深思熟虑地考察自然界或人类历史或我们自己的精神活动的时候,首先呈现在我们眼前的,是一幅由种种联系和相互作用无穷无尽地交织起来的画面,其中没有任何东西是不动的和不变的,而是一切都在运动、变化、生成和消逝。所以我们首先看到的是总画面,其中各个细节还或多或少地隐藏在背景中,我们注意的更多的是运动、转变和联系。这种原始的、素朴的、但实质上正确的世界观是古希腊哲学的世界观,而且是由赫拉克里特最先明白地表述出来的:一切都存在,因为一切都在流动,都在不断地变化,不断地生成和消逝。但是,这种观点虽然正确地把握了现象的总画面的一般性质,却不足以说明构成这幅画面的各个细节;而我们要是不知道这些细节,就看不清楚总画面。为了认识这些细节,我们不得不把它们从自然的或历史的中抽出来,从它们的特性,它们的特殊的原因和结果等等方面来分别地加以研究。这首先是自然科学和历史研究的任务;而这些研究部门,由于十分明显的原因,在古典时代的希腊人那里只占有从属的地位,因为他们首先必须为这种研究搜集材料。只有当自然和历史的材料搜集到一定程度以后,才能进行批判的整理和比较,或者说进行纲、目和种的划分。因此,精确的自然研究只是在亚历山大里亚时期的希腊人那里才开始。而后来在中世纪由阿拉伯人继续发展下去;可是真正的自然科学只是从15世纪下半叶才开始,从这时起它就获得了日益迅速地进展。把自然界分解为各个部分,把各种自然过程和自然对象分成一定的门类,对有机体的内部按其多种多样的解剖形态进行研究,这是最近 400 年在认识自然界方面获得巨大进展的基本条件。但是,这样做法也给我们留下了一种习惯,把自然界中的各种事物和各种过程孤立起来,撇开宏大的总纲联系去进行考察,因此,就不是从运动的状态,而是从静止的状态去考察;不是把它们看作本质上变化的东西,而是看作永恒不变的东西;不是从活的状态,而是从死的状态去考察。这种考察方法被培根和洛克从自然科学中移植到哲学中以后,就造成了最近几个世纪所特有的局限,即形而上学的思维。"①

中医学产生于古代,以后由于中国自然科学不发达,中医学的卷本体系、理论、思想仍然基本上和古代一样。卷本的一个特点,也是优点,就是从整体上,用辩证的观点去看待人体。中医治病,把病人看作一个整体,而不是"头痛医头,脚痛医脚"。举一个例子:中医看病,必看舌苔,因为舌苔可以反映多种病象。再举一个例子:中医看眼病,必同肾、肝相联系,治疗一些眼病,常让病人服平肝丸。

由于自然科学不发达,没有发展出近代科学的解剖学、病理学,对人体的各个局部没有精细、准确的认识。1949 年以前,大多数中医没有血压计这种医疗仪器,因而不能确切地知道病人的血压数据。15 世纪下半叶以后,西方自然科学日益发达。西医学对人体的各个局部都做出了精密的观察,都以科学实验为根据,有准确的数据。自然科学越来越发达,各种科学的医疗仪器设备越来越先进,因而对人体各个局部的认识也越来越深入。例如通过 B 超,各种病象一目了然,但是,借助恩格斯的理论,就产生了忽视从总体上,从各个局部的关系上去看待病人的现象。今天,西医的分科已经很细,但各科之间的联系似还欠密切。笔者看眼科时,大夫很少问我身体其他部分的状况。

一得之愚谨献于关心中西医学的内行们和外行们。我恳切希望,内行也要听听外行的话。为什么?病人的切身体验,大量搜集起来,就是一种宝贵的医学数据。进一步加以综合分析,就可上升为新的理论。笔者

---

① 《马克思恩格斯选集》第 3 卷,人民出版社 1995 年版,第 733—734 页。

年青时（20 世纪 40 年代至 50 年代），到协和医院看病，亲自见到那些权威西医大夫问病人情况非常详细，做笔录十分认真，一一予以记下。现在，按我国人口比例，医院太少，大夫也少，相对来说，病人太多。从客观条件看，今天的大夫已不可能像他们的老师和太老师那样仔细地与病人交流。

说　书　评

　　书评的存在,本应是为了促进学术的进步。遗憾的是,近日书评不少是应酬之作,这类书评大致有一公式:先用大部分篇幅赞扬作者,说以著优点如何如何,甚至戴以"开创性"的高帽子,然后在结尾处略加数语,说还有不足之处。这类书评,于作者无益,于读者也无益,实在可以不写。①

　　高质量的书评,不限于所评的著作,而藉本书的评论,就一个更广泛、更根本的问题,发挥一种学术新见解。陈寅恪的书评最具有这个特点,能发人深思,试举3例如下:

　　(1)《陈述〈辽史补注〉序》。此序直接谈到陈书的地方,只有几句话:"途中(指陈本人自香港归国)得陈玉书先生过家示《辽史补注序例》急取谈之,见其所论多详勿略之旨,甚与鄙见符合。若使全书告成,殊可称契丹史事之总集,近日吾国史学不可多得之作也。"大部分篇幅则评论搜集史料应"取材详备,宁详勿略"之旨:"裴世期之注《三国志》,深受当时内典合本子注之薰习。此盖吾国学术史之一大事,而后代评史者,局于所见,不知古今学术系统之有别流,著述体裁之有变例,以喜聚异同,坐长烦芜为言,其实非也。赵宋史学家著述,如《续资治通鉴长编》《三朝北盟会编》《建炎以来系年要录》,最能得昔人合本子注之遗意。诚乙部之杰

---

　　① 按:创见很难。歌德说:"这个世界现在太老了。几千年来,那么多的重要人物已经生活过、思考过,现在可找到和可说的新东西已经不多了。"见《歌德对话录》,译林出版社 2002 年版,第 372 页。

作,岂庸妄子之书,矜诩笔削,自比夏王郭公断烂朝报者所可企及乎?"①

(3)《陈垣〈敦煌劫余录〉序》。此序直接谈到陈书的地方,主要一处:"新会陈援庵先生垣,往岁尝取敦煌所出摩尼教经,以考证宗教史。其书精博,世皆读而知之矣。今复应中央研究院历史语言研究所之请,就北平图书馆前所藏敦煌写本八千余轴,分别部居,稽覈同异,编为目录,号曰敦煌劫余录。诚治敦煌学者,不可缺之工具也。"序的主旨,则在发挥取用新材料,研求新问题之义。"一代之学术,必有其新材料与新问题。取用此材料,以研求问题,则为此时代学术之新潮流。治学之士,得预于此潮流者,谓之预流(借用佛教初果之名)。其未得预者,谓之未入流。此古今学术史之通义,非彼闭门造车之徒,所能同喻者也。敦煌学者,今日世界学术之新潮流也。"②

(3)杨树达《〈积微居小学金石论丛续稿〉序》。此序谈到杨著的地方,是这样几句话:"寅恪尝用当世学者称先生为今日赤县神州训诂要学之第一人。今谈是篇,益信其言之不诬也。""先生平日熟读三代两汉之书,融会贯通,打成一片,故其解释古代佶屈聱牙晦涩艰难之词句,无不文从字顺,黎然有当于人心。"序的文旨在于强调这样一个观点:"自昔长于金石之学者,必为深研经史之人,非通经无以释全文,非治史无以证石刻。群众诸史,乃古史资料多数之所汇集。金文石刻则其少数脱离之片段,未有不了解多数汇集之资料,而能考释少数脱离之片段不读者。"③这些话都是有创新性的。甲骨文发现以后,有些人过分强调甲骨金文、碑铭石刻的重要性,而贬低传统典籍的价值,走向偏差。故陈氏藉评杨氏著作的机会,强调二者结合的必要性,认为只有如此,才能真正做出成绩。

华裔美籍学者杨联升的书评很精彩。自称"心血所集"。《汉学评说集》所收40篇英文书评,深受西方和港台学者的称赞,希望大陆能出一中文版,以飨读者。

---

① 陈寅恪:《金明馆丛稿二编》,第234—235页。
② 陈寅恪:《金明馆丛稿二编》,第236—237页。
③ 陈寅恪:《金明馆丛稿二编》,第230—231页。

文 人 自 负

　　文人自负,是一种通病,虽贤者不负。王国维一代宗师,文史都有很高成就。其为人,与人交,谦和有礼。然而他内心深处却是很骄傲的。《观堂集林》卷首有罗振玉一序,其实是王国维自撰的。《序》文说:"君撰《殷卜辞中所见先公先王考》及《殷周制度论》,义据精深,方法缜密,极考证家之能事,而于周代立制之源及成王、周公所以治天下之意,言之尤为真切。自来说诸经大意,未有如此之贯串者。……君今年四十有七,百里之涂,行尚未半。自兹以往,因将揖伏生、申公而与之同游,非徒比肩程、吴而已。"①王国维如此自负,自然不把其他学者放在眼里。他对沈曾植(子培)表面上十分尊敬,在《沈乙庵先生七十寿序》中推许为"(顾)亭林、(戴)东原、(钱)竹汀之俦"②实则对沈并不尊敬,甚至说:"此老才疏志广"③。沈曾植,"近世通儒"④,尤精北史、地之学,旁涉释道二家,造诣也很高。佛学大师欧阳竟无曾得到他的指点。据蒙文通说:"欧阳先生尝言,读俱舍三年,犹未能通。于沪上见沈乙庵,沈谓:君当究俱舍宗,毋究俱舍学。归金陵,觅俱舍前诸书读之,又觅俱舍后诸书读之,又觅与俱舍同时代他家诸书读之,读三月而俱舍之义灿然明白。盖自前后左右之

---

　　① 王国维:《观堂集林》,河北教育出版社 2003 年版,第 3—4 页。
　　② 《王国维文集》(第 1 卷),中国文史出版社 1997 年版,第 97 页。
　　③ 《王国维文集》(第 15 卷),中国文史出版社 1997 年版,第 350 页。
　　④ 陈寅恪语,见《唐代政治史述论稿》,生活·读书·新知三联书店 2001 年版,第 275 页。

书比较研读,则异同自见,大义顿显。"①沈氏如此博通,怎么会是"才疏志广"的人呢。沈氏著作很少,但不是不能。大学者惜墨如金者,代有人在,后于沈曾植,黄侃(季刚)也是一个。

邓之诚通文史,也是一大家。性傲,对时贤少有许可。王国维创二重证据法,于古史多所发明,马克思主义学派(郭沫若),实证学派都很推服,邓则不以为然。他虽称王"颇有创见",然"内时"。② 20 世纪 20 年代,陈寅恪、陈垣享盛名,治乙部者竞言"二陈",邓独特异议,曾对聂崇岐③说:"两人有学问与否,姑不论,而非史学则可断言,然必以史自居,吾未如之何也已。"④(1955 年 2 月 15 日日记)。这句话实在骇人听闻,"二陈"所研究的竟然不是史学,那么邓本人研究的又是什么学问呢? 五石斋主人独与张尔田(孟劬)、洪业(煨莲)交好,日记中对这两人没有贬语。

文人学者于其所学,应有自信,而不可过于自负,否则必将有碍学术的进步。顾炎武说:"盖天下之理无穷,而君子之志于道也,不成章不说。故昔日之得,不足以为矜;后日之成,不容以自限。"⑤《广师篇》历数其不如某某,不如某某知人之长,明己之短,诚不愧一代大儒。

---

① 蒙默:《蒙文通学记》,生活·读书·新知三联书店 1993 年版,第 3 页。

② 《邓之诚文史札记》(下),凤凰出版社 2012 年版,第 410 页。

③ 聂崇岐,燕京大学教授,宋史专家。1920 年燕大历史系毕业后留校,任哈佛燕京学社引得编纂处,佐洪业编纂经、史、子、集各种引得 64 种 81 册,成绩斐然。

④ 《邓之诚文史札记》(下),凤凰出版社 2012 年版,第 853 页。

⑤ 《初刻日知录自序》,《顾亭林诗文集》,中华书局 2008 年版,第 27 页。

误认天上的浮云为地平线上的树林

　　1960年,华裔美籍文史学者杨联升在华盛顿大学主持的中美学术合作会议上发言指出:美国人研究中国史,往往富于想象力,如不加以适当控制,可能会"误认天上的浮云为地平线上的树林"(mistake some clouds in the sky to be forest in the horizon),萧公权教授激赏此语①。会后,杨联升告诉他的弟子余英时,这句话是他借用傅斯年的。傅斯年因为看不惯拉铁摩尔的信口开河,就用这句话来堵他的嘴②。

　　美国学者治中国史,以新奇为贵,时或创新"理论"、新"学说",然后撷拾若干条史料予以"证实"。但他们对所引用的史料,往往误解,或牵强附会,以致牛头不对马嘴,让真通汉学的人啼笑皆非。杨氏遇到这类情况,便坦率指出,但态度温和,与人为善,不像法国人伯希和书评的尖刻(伯氏晚年以汉学界之警犬自命)。杨联升倡导"训诂史学",主张彻底掌握史料的文学意义,要求扣紧史料的时代而得其本义。在美国几十年,任哈佛大学教授,为汉学重镇,很受重视。惜晚年多病,享寿仅76岁(1914—1990年)。周一良是杨氏挚友,撰有《纪念杨联升教授》一文,可参考③。

---

　　① 萧公权:《问学谏往录》,第64、223—224页。萧公权曾任清华、燕京大学教授,专长中国政治思想史,1948年当选中研院院士,新中国成立前夕去美国,任教于华盛顿大学。
　　② 余英时:《论士衡史》,上海文艺出版社1999年版,第400页。
　　③ 周一良:《毕竟是书生》,北京十月文艺出版社1998年版,第173—185页。

　　杨联升对于美国汉学家的警告,也应当引起我国历史学者的警惕。"文革"前,"以论带史"曾风行一时,那种带出来的"史",所用的史料就不免有"误认天上的浮云为地平线上的树林"的误解或曲解。

　　十年"文革"中,"四人帮"肆意篡改历史,捏造历史,用阶级斗争史代替全部中国历史,以实现他们篡党夺权的反动野心,那已经不属于历史学的范围了。

最佳学人必得

1892 年 10 月, 芝加哥大学正式开课。石油大王洛克菲勒(John Davison Rockefeller, 1839—1937)捐款给芝加哥大学, 到 1910 年共 3500 万美元。洛氏说:这是"我一生中最好的投资"。他还强调:"The best men must be had"(最佳学人必得)。①

洛氏的话很正确。学校必须以教学为中心, 教学必有良师, 这是古今中外办学必须遵守的正道, 不可违背。清华大学校长梅贻琦也有句名言:"夫大学者, 非有大楼之谓也, 有大师之谓也。"梅氏办学几十年, 坚持以教学为中心, 坚持教师在学校的中心地位。他曾开玩笑说:"京戏舞台上的皇帝身穿龙袍, 坐在当中, 但真正演的, 大都是那些文臣武将。皇帝往往没什么表演, 我就是那个皇帝。"他虽然是自谦, 但也说明校长的作用正在于延揽名师, 使其各尽其责, 校长并非真皇帝, 学校第一号人物。蔡元培掌北大, 聘陈独秀为文科学长, 又聘李大钊、胡适、周氏兄弟来北大任教, 遂使北大耳目一新, 成为新文化运动的中心。

今天, 大学"行政化"现象相当普遍。机构林立、庞大臃肿, 校部下有学部, 学部下有院, 院下有系, 研究中心无数, 其实是挂名机构(有时只有一二人, 还是兼职)。执政者以为非这样, 不足以显示本校之"大"。我曾问某一名牌大学主管文科的副校长(是我的晚辈), 你是否对你领导的众

① 何柄棣:《读史阅世六十年》, 中华书局 2012 年版, 第 326 页。

多机构有一个确切的数字概念,对这些机构是否大概了解? 他坦率回答:"不能"。

今天,各大学举办大型学术会议(多校参加,或有外国学者参加),有一个相当普遍的现象,就是必请本地教育行政当局领导和本校领导(校长或副校长)出席并致辞。致辞内容很多套话,少有实质内容。何以要这样走过场,因为主办者认为非如此不足以显示本次会议的重要。笔者曾主持一次大型学术会议,有领导到场,但不请他们讲话,宣布开幕后,就开始学术报告。会后,有人恐怕我得罪领导,我笑答说:"没有关系,领导还不至这样小气。"

过 犹 不 及

孔子有一句名言:"过犹不及",这是在答复子贡时说的。子贡问:"师与商也孰贤?"子曰:"师也过,商也不及。"曰:"然则师愈与?"子曰:"过犹不及。""过犹不及"是一句至理名言,它所说明的根本道理可以相当广泛地用于衡量人物和事件。

列宁也讲过类似的道理。他在《共产主义运动中的"左派"幼稚病》一书中说:"然而,只要再多走一小步,看来像是照同一方向走了一小步,真理就会变成错误。"①他还在《统一的经济计划》一文中说:"我们几十年来从事伟大的事业,宣传推翻资产阶级,教导大家不要相信资产阶级专家,揭露这些专家,从他们手中夺取权力,镇压他们的反抗。我们所进行的事业是具有全世界历史意义的伟大事业。然而,只要稍微一夸大,就会证实一条真理,从伟大到可笑只有一步之差。我们已经说服了俄国,我们已经为劳动者从剥削者手里夺回了俄国,我们已经把剥削者镇压下去,现在我们应当学会管理俄国。为此就必须学会谦虚,学会尊重那些'科学和技术专家'的切实工作,为此就必须学会切实仔细地分析我们的许多实际错误,并且学会一步一步地坚持不懈地改正这些错误。"②

---

① 《列宁全集》第4卷,人民出版社1995年版,第211页。
② 《列宁全集》第4卷,人民出版社1995年版,第443页。

我国 1958 年的"大跃进",就证明了"过犹不及"这一条真理。1958年 5 月,在北京召开的八大的第二次会议上,通过了"鼓足干劲,力争上游,多快好省地建设社会主义"的总路线。"多快好省"是一个统一体,4个要素互相协调,又互相制约。后来,过分求多快而忽视好省,就破坏这个统一体。多,多到什么程度;快,快到什么程度,都要在客观条件允许的限度内。人的主观能动性是重要的,应当充分发挥,但这种能动性不是无限的。"人有多大胆,地有多大产",实际上,是办不到的。"大跃进"再次证明了"过犹不及"这条真理。当然,发动"大跃进"运动,也有当时的历史背景,绝非一时的"脑子发热",那样看也是不对的。鸦片战争后,中国沦为半封建半殖民地,备受帝国主义列强的压迫剥削,民不聊生。1949年新中国成立后,独立自主,屹立于东方,自领导以至一般百姓,无不望迅速富强起来,这是举国的共同梦想,完全可以理解。建设社会主义,是人类的创举,虽有苏联经验在先,但还必须结合中国国情。建设中国特色社会主义必须经过一个探索阶段,但探索不是一两次就可以完成的,走些弯路,难以避免。后人应当用历史眼光看待前人,不可苛求。再者,如列宁所说:"政治任务和军事任务可以在工人农民现有觉悟水平上通过激发他们的热情来完成。……热情、强攻、英雄主义曾帮助我们完成了这些任务,……但是这个优点现在成了我们最危险的缺点。我们老是向后看,以为经济任务用同样的办法也能完成。但错误正出在这里。……党和工会的一些工作人员……往往规避费力的、艰苦的、长年的经济工作,规避这种需要坚韧不拔、经受考验、进行长期奋斗、只有严细而顽强的作风的经济工作,用我们过去做过大事这类话来敷衍搪塞。"[1]

我们在"大跃进"时的作为,也有类似列宁所说的情况。许多干部是在革命战争中成长起来的,他们有在政治上动员群众、组织群众来进行革命战争和政治斗争的丰富经验。当他们转向从事经济工作和文化工作时,很容易相信如果把当年在土改、战争中大搞群众运动的传统方法应用

---

[1] 《列宁全集》第 42 卷,人民出版社 1995 年版,第 349 页。

到建设中来,也会无往而不胜的。但他们不清楚搞经济、文化工作,需要专门的科学技术知识,具备必要的物质条件(设备、资源、资金、资料等),严格遵守规章制度和操作程序,掌握准确的信息,等等。如果不顾这些要求,则热情愈高,愈会坏事。

责任编辑:刘松弢

装帧设计:肖　辉　王欢欢

图书在版编目(CIP)数据

史料五讲:外一种/齐世荣 著. —北京:人民出版社,2023.8

(人民文库.第二辑)

ISBN 978-7-01-022770-2

Ⅰ.①史…　Ⅱ.①齐…　Ⅲ.①史料学②中国历史-史评

Ⅳ.①K05②K207

中国版本图书馆 CIP 数据核字(2020)第 245831 号

史料五讲(外一种)

SHILIAO WUJIANG WAIYIZHONG

齐世荣　著

人民出版社 出版发行

(100706　北京市东城区隆福寺街 99 号)

北京新华印刷有限公司印刷　新华书店经销

2023 年 8 月第 1 版　2023 年 8 月北京第 1 次印刷

开本:710 毫米×1000 毫米 1/16　印张:11.5

字数:165 千字

ISBN 978-7-01-022770-2　定价:40.00 元

邮购地址　100706　北京市东城区隆福寺街 99 号

人民东方图书销售中心　电话　(010)65250042　65289539